COMPARAISON

DES

ARTHROPATHIES

RHUMATISMALES, SCROFULEUSES ET SYPHILITIQUES

PAR

GEORGES BOUILLY,

Docteur en médecine,
Aide d'anatomie de la Faculté,
Ancien interne lauréat des hôpitaux
Lauréat de la Faculté (Médaille d'argent),
Membre de la Société anatomique.

PARIS

LIBRAIRIE J.-B. BAILLIÈRE ET FILS

19, rue Hautefeuille, près le boulevard St-Germain

1878

COMPARAISON

DES

ARTHROPATHIES

RHUMATISMALES, SCROFULEUSES ET SYPHILITIQUES

TRAVAUX DU MÊME AUTEUR

Considérations sur la pleurésie (*Mouvement médical*, 1873).

Recherches sur les rapports qui existent entre les signes de la pleurésie et la quantité de l'épanchement (*Archives générales de médecine*, 1876).

Des lésions traumatiques portant sur des tissus malades (Th. de Doctorat, 1877. J.-B. Baillière et fils.

Des rapports du traumatisme et des affections constitutionnelles (Revue critique, *Archives générales de médecine*, 1877 et 1878).

COMPARAISON

DES

ARTHROPATHIES

RHUMATISMALES, SCROFULEUSES ET SYPHILITIQUES

PAR

Georges BOUILLY,

Docteur en médecine,
Aide d'anatomie de la Faculté,
Ancien interne lauréat des hôpitaux,
Lauréat de la Faculté (Médaille d'argent),
Membre de la Société anatomique.

PARIS
LIBRAIRIE J.-B. BAILLIÈRE ET FILS
19, rue Hautefeuille, près le boulevard St-Germain

1878

COMPARAISON

DES

ARTHROPATHIES

RHUMATISMALES, SCROFULEUSES ET SYPHILITIQUES

Un fait général semble dominer l'histoire de toutes les arthropathies : toutes semblent se développer sous l'influence d'un état général constitutionnel, et être régies dans leur marche par cet état, capable de leur imprimer des caractères spéciaux. On ne peut même en distraire l'arthrite traumatique dont l'évolution peut être si différente suivant l'état de l'organisme frappé.

Toutes les diathèses semblent avoir une prédilection marquée pour les tissus articulaires. La scrofule y jette ses manifestations, soit d'emblée, soit secondairement, chez un sujet dont elle a déjà terni l'organisme ou qu'elle va envahir par cette nouvelle porte : le rhumatisme y établit son domicile, et les tissus fibro-synoviaux semblent même être ses points de localisation d'élection, soit qu'une poussée aiguë gonfle toutes les articulations qui semblent revenir *ad integrum*, l'attaque une fois terminée, soit qu'un travail plus lent mine sourdement une ou plusieurs jointures, préparant en silence l'effondrement de tous les éléments de l'articulation, ou les fixant dans une position immuable ; enfin la syphilis elle-même semble pouvoir déposer ses produits dans les divers tissus articulaires, enflammer le périoste des extrémités articulaires, toucher la synoviale de diverses manières, et prouver sa participation possible dans la genèse des arthropathies.

Mais ce n'est pas tout ; ces états constitutionnels, ces diathèses, héréditaires ou acquises, maîs ayant droit de domicile dans l'économie qu'ils ont envahie ne semblent pas seuls pouvoir réagir sur les jointures. Divers états, *passagers*, semblent encore capables d'influencer la nutrition d'une articulation : la blennorrhagie, le cathétérisme, les suites de couches peuvent faire naître de toutes pièces, ou réveiller une arthropathie d'un mécanisme difficile à expliquer.

Une intoxication générale comme l'infection purulente peut donner lieu aussi à des inflammations articulaires, de production et de gravité spéciales.

Enfin, le système nerveux lui-même ne peut-il pas provoquer dans les extrémités articulaires des phénomènes particuliers que les travaux modernes ont mis en lumière (1) ?

On ne peut donc s'empêcher de reconnaître que les jointures ont une susceptibilité particulière qui leur permet d'être influencées par des états divers, permanents ou transitoires, sous l'influence desquels elles réagissent d'une manière différente.

L'histoire des arthropathies se trouve donc ainsi liée intimement à l'histoire des diathèses ; donnée importante au point de vue du pronostic et du traitement, et nous

(1) Voir Blum. Des arthropathies d'origine nerveuse, th. d'agrég., 1875.

verrons dans le cours de cette étude que si, à un moment donné, la lésion par son importance semble dominer toute la scène et commander le traitement, la notion de l'affection constitutionnelle, de la *spécificité* si je puis ainsi dire, ne doit jamais être oubliée ; et s'il existe une thérapeutique générale des arthropathies, dont les règles doivent être déterminées à chaque période de l'évolution pathologique, il existe aussi une médication des *arthropathes* dont les lésions ne sauraient être heureusement modifiées sans parallélisme dans la constitution générale.

Une étude complète des arthropathies comprendrait donc un nombre considérable de faits que nous ne pouvons qu'effleurer ici : influence de la diathèse sur la production des lésions, nature des lésions en rapport avec chaque diathèse, retentissement de l'état général sur l'état local, et réciproquement, etc.... telles seraient les questions qu'un pareil travail devrait comprendre et résoudre.

Notre but sera plus modeste : nous admettrons que sous l'influence de la scrofule, du rhumatisme et de la syphilis, les articulations peuvent devenir le siége de lésions ; nous rechercherons quels caractères spéciaux chaque maladie générale imprime aux lésions locales, quelles en sont les conséquences au point de vue des signes, de l'évolution et des terminaisons, quelles indications on peut et on doit en tirer au point de vue du pronostic et des indications thérapeutiques.

Nous comparerons d'abord entre elles les arthropathies scrofuleuses et rhumatismales, qui sont de beaucoup les plus fréquentes, puis nous tâcherons d'élucider ce qu'on doit entendre par ces mots, arthropathies syphilitiques, et de chercher quels sont les points qui les rapprochent ou les éloignent des arthrites d'origine rhumatismale ou scrofuleuse.

Deux manières de faire s'offraient à nous dans la rédaction de ce travail. Nous aurions pu étudier successivement, d'une manière concise, l'arthrite scrofuleuse, l'arthrite rhumatismale et l'arthrite syphilitique, faire pour ainsi dire le schéma de chacune de ces arthropathies et dans un tableau d'ensemble chercher leurs points de contact ou de dissemblance.

Cette première manière nous a paru vicieuse :

1° L'histoire des arthropathies scrofuleuse et rhumatismale, prises individuellement, a été traitée de main de maître dans les différents traités qui sont entre nos mains, et il n'y aurait eu qu'un intérêt médiocre à refaire un travail que nous n'aurions pu que gâter en l'écourtant.

2° Nous aurions été amené à des redites fatales dans une comparaison d'ensemble où nous aurions dû reprendre un à un des caractères dont l'exposition aurait déjà été faite. En outre, certaines formes d'arthrites ne sont nullement comparables entre elles.

Nous avons préféré procéder de la manière suivante : chercher les divers types qui peuvent caractériser les arthropathies d'origine scrofuleuse ou rhumatismale; rapprocher de suite les lésions caractéristiques de l'une et de l'autre forme, les comparer entre elles et trouver dans la nature de ces lésions d'une part, dans l'état de la constitution générale d'autre part, les raisons des signes, de la marche et des indications ; en un mot demander à l'anatomie pathologique de la lésion et de l'individu le *pourquoi* de son genre de maladie ; puis, la maladie articulaire étant constituée, chercher dans ses signes, dans sa marche et sa terminaison, la caractéristique de son origine.

I.

ÉTIOLOGIE GÉNÉRALE DES AFFECTIONS ARTICULAIRES.

On peut, avec Bonnet, distinguer dans l'étiologie générale des arthropathies trois ordres de causes :

1° Des causes physiques extérieures, des traumatismes de toute nature, coups, chocs, chutes, plaies pénétrantes ou non, etc...

2° Des causes qui, sans porter leur influence immédiate sur les articulations, sont cependant extérieures, telles que le refroidissement, l'habitation prolongée dans un séjour humide, etc....

3° Des causes internes qui ne sont autres que les diathèses, soit qu'elles agissent seules, soit que leur action ait été provoquée par des influences extérieures (1).

En effet, dans l'étude que nous faisons, nous verrons à chaque instant se combiner l'influence de ces trois causes: un coup, un refroidissement sont le point de départ d'une arthrite, et l'inflammation primitivement simple, survenant sur un terrain préparé par la diathèse, quelle qu'elle soit, va revêtir une allure particulière. Et ce n'est pas là une des moindres difficultés dans l'interprétation des faits, quand il s'agit de comparer entre elles des arthropathies d'origine scrofuleuse ou rhumatismale. Peut-on trouver dans l'étiologie des *caractères distinctifs entre les arthropathies que nous comparons?*

Si l'on ne s'en rapportait qu'à l'étiologie banale, d'après les idées généralement admises, le froid humide, un refroidissement, le corps étant couvert de sueur, ne devraient-ils pas fatalement donner lieu à une arthrite rhumatismale?

(1) Bonnet. Traité des maladies des articulations, Paris, 1845.

Et ne devrions-nous pas trouver dans ces cas les caractères assignés généralement à cette variété d'arthrite? Eh bien, il n'en est rien : l'esprit admet avec la même facilité l'influence du froid, par exemple, sur tous les individus : que les uns y soient plus sensibles, que les conséquences du refroidissement soient plus faciles et plus accentuées chez certains, présentant comme attribut la finesse de la peau, la couleur blonde des cheveux, etc., ceux-là seront dits rhumatisants ou *rhumatisables*, si j'osais hasarder ce mot : mais chez d'autres sujets dits lymphatiques, dont les attributs extérieurs peuvent être semblables, qui ne conçoit la même influence des causes extérieures et qui ne voit relativement à l'étiologie des affections articulaires en particulier l'inanité de ces causes occasionnelles dites *a frigore* au point de vue d'une division des arthropathies? Un seul fait important à retenir, quant à l'étiologie rhumatismale d'une arthropathie, est l'existence soit éloignée, soit rapprochée d'un rhumatisme articulaire aigu. Dans ces cas, en effet, ou bien après une période aiguë, un envahissement successif ou simultané de plusieurs jointures, la maladie se localise en un point, s'y éternise et revêt de nouveaux caractères qui peuvent l'éloigner de son type primitif auquel elle ne peut être rattachée que par le lien étiologique. Ou au contraire chez un sujet autrefois atteint d'un rhumatisme articulaire aigu, sous une influence quelconque, la blennorrhagie ou un refroidissement, une arthrite se déclare, et la donnée de l'antécédent rhumatismal permet seule de donner à la maladie sa *caractéristique*. Dans d'autres cas la poussée aiguë a *fait défaut et la notion étiologique ne peut être établie que par l'étude des antécédents héréditaires.*

N'en est-il pas de même chez les scrofuleux? Qui peut, au début d'une arthrite survenue chez un enfant faible, dit lymphatique, trouver dans les caractères de l'affection même et dans la cause provocatrice les éléments d'un diagnostic et d'un pronostic? Ici, comme chez les rhumatisants, la cause occasionnelle peut avoir été banale; un léger choc, un refroidissement ont été le point de départ; quel sera le point d'arrivée, quelle sera la terminaison? Tout est là et tout va dépendre du terrain sur lequel une cause, semblable au début, provoque une manifestation morbide. C'est ici, en effet, qu'intervient un nouvel élément, non moins important dans la genèse des arthropathies que dans leur marche et leur terminaison, l'élément diathésique, et ce nouveau facteur jeté dans la balance y pèse d'un autre poids que la notion étiologique.

En effet, souvent la cause première manque ou, si elle existe, dans un cas elle donne lieu à une arthrite simple, dans l'autre à une arthrite fongueuse ou à une arthrite déformante. Il faut, croyons-nous, détacher mieux les titres, et si l'on veut nous permettre une distinction subtile en apparence, il vaut mieux, à notre sens, décrire non pas une arthropathie scrofuleuse ni rhumatismale, mais écrire l'histoire des arthropathies chez les scrofuleux et chez les rhumatisants.

A son début l'arthrite *est une*, c'est une inflammation simple, sans caractères spécifiques, et c'est le terrain seul qui va lui imprimer son caractère. La semence est la même, les produits seuls seront différents et non dans les premiers temps de leur existence, mais à leur période de maturité, si j'ose ainsi dire.

Si nous admettons les diathèses, dit Bonnet, et si nous établissons une différence entre les diathèses, c'est que dans les unes certaines altérations tendent à se produire et que dans les autres ce sont des altérations différentes; en un mot, l'existence, comme le caractère des diathèses, ne nous est rendue évidente que par la nature de leurs produits. C'est donc par ces produits qu'il faut les spécifier et non par leur nature qui nous échappe entièrement.

Et si l'on envisage les diathèses au point de vue de leurs produits, nous pouvons, avec le même auteur, admettre trois diathèses principales :

1° Dans les moins graves, il y a tendance à sécréter des produits qui s'organisent, ce sont les diathèses rhumatismales aiguë et chronique ;

2° Viennent ensuite les diathèses avec disposition à sécréter des produits qui s'organisent incomplètement (diathèse scrofuleuse) ;

3° Les plus graves enfin, celles dans lesquelles il y a tendance à la sécrétion de produits qui ne s'organisent point, telles sont les diathèses tuberculeuse, purulente et urique.

Or, toutes ces diathèses peuvent se produire sous l'influence de causes identiques : on les voit survenir les unes et les autres à la suite du refroidissement, du séjour dans les lieux humides, des mauvaises conditions hygiéniques de toute nature ; leurs manifestations peuvent se produire du côté des mêmes systèmes. On peut donc, au point de vue des causes comme à celui du siége, établir des rapports entre le rhumatisme et la scrofule. Leur différence dépendrait seulement du mode suivant lequel réagit sous l'influence des causes chaque âge et chaque constitution.

Or ce rapport que mes réflexions personnelles me faisaient entrevoir, j'en trouve la confirmation dans un passage remarquable que je transcris ici ; je suis heureux de retrouver sous une plume autorisée une idée que je n'aurais pas si bien exprimée (1).

« Parmi ces états constitutionnels, le complexus, cer-

(1) Besnier. Dict. des sc. méd. Art. rhumatisme, 3e série, t. IV.

tainement trop vaste, qu'on range dans notre pays sous le nom de scrofule, est un de ceux qui ont le plus d'affinité avec le rhumatisme articulaire, soit à titre de prédisposition simple et générale, soit à titre de prédisposition locale et spécifique. Ces affinités ont été déjà signalées par divers auteurs. Plusieurs années d'observation à l'hôpital Saint-Louis, sol classique de la scrofule, m'ont permis de les constater avec une grande évidence ; nombre de jeunes scrofuleux deviennent rhumatisants vers l'âge adulte, de sorte qu'il s'établit entre les deux états morbides un lien qui, partant du rhumatisme de l'ascendant, passe par la scrofule de l'enfant, lequel, devenu rhumatisant à l'âge adulte, recommencera une lignée qui finira souvent par aboutir à la tuberculose. Les érythèmes noueux des scrofuleux précèdent souvent ou accompagnent la première attaque de rhumatisme articulaire, lequel se délivrera ultérieurement de ce stigmate dans ses manifestations ultérieures. »

Eh bien, cette association diathésique ou cette métamorphose de diathèses, nous pouvons peut-être les retrouver dans les caractères anatomiques de certaines arthropathies rhumatismales, où il y a mélange des lésions de la scrofule et du rhumatisme, et dans lesquels la caractéristique anatomique ne saurait être franchement donnée. C'est un point sur lequel nous reviendrons plus tard.

On me pardonnera cette digression, un peu longue peut-être ; mais je me suis laissé entraîner en cherchant à démontrer que, dans bon nombre de cas, la notion étiologique seule ne peut être, ou à peu près, d'aucune utilité, quand il s'agit de trouver la caractéristique d'une arthropathie diathésique.

Age. — La scrofule et le rhumatisme peuvent se manifester à tous les âges; mais sous ces dénominations générales de scrofule et de rhumatisme, que de manifestations différentes depuis la simple croûte d'impétigo jusqu'aux formes les plus avancées de la tumeur blanche, depuis la plus simple douleur rhumatoïde jusqu'aux altérations complexes de l'arthrite déformante ! Nous n'aurons qu'à rechercher ici l'influence de l'âge sur la détermination des manifestations articulaires, *a* dans le rhumatisme, *b* dans la scrofule.

a). *Rhumatisme.* — Les formes anatomiques et cliniques des arthropathies rhumatismales ne semblent pas être les mêmes à toutes les périodes de l'existence. D'une manière générale, on peut dire que le rhumatisme articulaire *aigu* est une maladie de l'âge adulte ; sur 8631 rhumatisants entrés dans les hôpitaux civils de Paris en quatre ans, les enfants comptent seulement pour 301 entrées, c'est-à-dire moins de 4 p. 100. Presque inconnu dans les premiers mois de la vie, où les arthrites ne sont pas rhumatismales, mais syphilitiques ou infectieuses (Parrot), le rhumatisme reste rare de 1 à 5 ans, apparaît entre 5 et 15 ans, acquiert son maximum de fréquence entre 30 et 40 ans, reste encore très-fréquent de 40 à 55 ans, et ne décroît réellement qu'à partir de cet âge où il fait place au rhumatisme subaigu, ou aux diverses variétés de l'arthro-rhumatisme chronique.

Mais ces statistiques générales, vraies surtout quand il s'agit du rhumatisme articulaire aigu, perdent de leur vérité quand il s'agit de l'arthropathie rhumatismale chirurgicale. D'une manière aussi générale que possible, le rhumatisme articulaire chronique apparaît de 25 à 60 ans, avec son maximum de fréquence entre 40 et 60 ans. Mais on peut trouver des rhumatisants chroniques atteints des déformations les plus caractéristiques dans la première et la seconde enfance (H. Roger, Laborde, Barthez, Charcot, etc.), et des jeunes filles atteintes d'arthropathies prolongées, de rhumatisme articulaire chronique, simple ou superficiel, incontestable (Besnier).

b). Scrofule. — L'incertitude peut être moins grande pour la scrofule ; d'une manière générale, la scrofule est l'apanage du jeune âge; ses manifestations osseuses surtout, et consécutivement articulaires, se produisent au moment de la vitalité la plus grande du tissu des os et du développement actif des épiphyses. L'immense majorité des tumeurs blanches appartient à l'enfance et à l'adolescence, et je ne me donnerai pas la peine de dépouiller les statistiques pour prouver ce fait de connaissance banale. Cependant la vieillesse n'est pas non plus à l'abri des atteintes de cette diathèse, qu'elle ait ou non donné lieu à des manifestations, à une période moins avancée de l'existence. Paget (1) a déjà insisté sur ce fait : « Les vieillards, dit-il, c'est-à-dire les personnes au-dessus de 60 ans, sont, je pense, plus souvent scrofuleuses que les personnes de 30 à 50 ans, et certainement le sont plus souvent qu'on ne le pense généralement. »

Toutes les manifestations de la scrofule peuvent exister à cette période de la vie ; mais la manifestation certainement la plus fréquente est la scrofule osseuse (2). Elle semble pouvoir se rencontrer partout et principalement aux extrémités articulaires des os longs, et dans l'épaisseur des os courts, sous forme d'ostéite, ou plutôt de carie. Ce sont presque toujours des tumeurs blanches, des arthrites fongueuses, dont les caractères ressemblent

(1) Leçons de clinique chirurgicale, p. 314.

(2) Bourdelais. Sur quelques observations de scrofule chez les vieillards. Th. Paris, 1876.

tout à fait à ceux que présentent ces arthrites chez les jeunes gens (Bourdelais).

Nous donnons ici à titre de renseignement général les faits suivants, que nous avons recueillis dans un journal peu connu en France, le *New-York Medical Journal* (1), et qui nous semblent avoir une certaine valeur, étant donné le nombre considérable de faits que l'auteur a pu dépouiller. Dans une série de tableaux, il a cherché la fréquence relative des affections articulaires : *a*, suivant le sexe, *b* suivant l'âge, c l'influence de la strume et du traumatisme, et il arrive à conclure d'après l'analyse de 860 cas examinés à ce dernier point de vue.

1° Qu'une véritable arthrite chronique ne peut exister chez un enfant non strumeux ;

2° Qu'un léger traumatisme développe souvent l'arthrite, en agissant comme cause déterminante, mais ne la fait pas naître s'il n'y a pas déjà une cause prédisposante.

Tableau I

Analyse de 5,461 *cas d'affections articulaires recueillies dans l'hôpital* FOR THE RUPTURED and CRIPPLED, *de* 1864 à 1877, *relative* AU SEXE.

	Nombre total.	Hommes.		Femmes.	
		Nombre.	p. 100.	Nombre.	p. 100.
Carie vertébrale ...	2.455	1.329	54	1.126	46
Coxalgie..........	1.818	909	50	909	50
Synovite..........	1.188	670	56 1/2	518	43 1/2
Totaux......	5.461	2.908	53 1/4	2.553	46 3/4

(1) L'élément strumeux dans l'étiologie des maladies articulaires. Analyse de 860 cas, par Gibney. New-York médical journal (juillet, août, 1877).

Tableau II.

Montrant les âges relatifs de 5,461 cas d'affections articulaires.

	Nombre total.	Au-dessous de 14 ans.		De 14 à 21 ans.		Au-dessus de 21 ans.	
		Nombre.	p. 100.	Nombre.	p. 100.	Nombre.	p. 100
Carie vertébrale....	2.455	2.158	87 3/4	180	7 1/2	117	4 3/4
Coxalgie...........	1.818	1.602	88 1/4	168	9 1/4	48	2 1/2
Synovite...........	1.188	851	71 3/4	125	10 3/4	212	17 1/2
Totaux......	5.461	4.611	84 1/2	473	8 3/4	377	6 3/4

Sur 860 cas spécialement analysés au point de vue de l'influence de la strume sur le développement de l'arthopathie, les cas se répartissent de la manière suivante au point de vue du siége et de l'âge :

Tableau III.

Siége.	Nombre total.	Jusqu'à 1 an.		De 1 an à 4 ans.		De 4 à 14 ans.		Au-dessus de 14 ans.	
		Nomb.	p. 100.	Nomb.	p. 100.	Nomb.	p. 100.	Nomb.	p. 100.
Vertèbres.....	296	10	3 1/2	195	65 3/4	85	28 3/4	16	5 1/2
Hanche.......	360	4	1 1/4	139	38 1/2	215	59 3/4	6	1 3/4
Genou........	140	7	5	71	50 3/4	65	46 1/2	4	2 3/4
Cou-de-pied...	48	3	6 1/4	27	56 1/4	20	41 3/4	1	2
Coude........	6	2	33 1/4	4	66 3/4	2	33 1/4	»	»
Epaule........	5	1	20	3	60	2	40	»	»
Poignet.......	5	1	20	3	60	2	40	»	»
Totaux...	860	27	3 1/4	442	51 1/4	391	45 1/2	27	3 1/4

Nous n'entrons dans aucun détail, ni sur le *sexe*, ni sur la *profession*; nous n'avons trouvé dans ces conditions aucun élément utile au point de vue de la comparaison des arthropathies d'origine scrofuleuse ou rhumatismale. Les manifestations articulaires de la syphilis ne différent pas,au point de vue de l'âge, des manifestations ordinaires de cette diathèse.

II

Il semble au premier abord, en présence des nombreux produits sur la matière et des immenses documents que renferment les traités classiques et les publications, qu'on n'ait que l'embarras du choix quand il s'agit d'écrire une anatomie pathologique des arthropathies chroniques : tumeurs blanches scrofuleuses, tumeurs blanches rhumatismales, rhumatisme chronique généralisé et partiel, ankylose, luxations spontanées, tout semble avoir été épuisé. Mais quand on va au fond des choses on s'aperçoit vite que la confusion règne encore dans les nombreux détails qui encombrent la question et que la première besogne à faire consiste à bien préciser les termes avant de chercher si l'anatomie pathologique répond nettement aux dénominations imprimées à telle ou telle affection.

Et tout d'abord que doit-on entendre par arthropathie scrofuleuse et par arthropathie rhumatismale? Quelles en sont les formes?

Nous aurons à nous poser la même question quand nous chercherons à établir les caractères cliniques de ces mêmes affections.

D'une manière générale, on est convenu de donner le nom d'*arthrite scrofuleuse* à la tumeur blanche caractérisée par la production d'*un tissu fongoïde*, venant soit de la synoviale, soit des os, avec tendance à la destruction des divers éléments de la jointure par le mécanisme de la suppuration.

Bonnet est le premier auteur qui ait cherché à trouver aux tumeurs blanches un caractère anatomique constant dans l'existence des fongosités de la synoviale et des os.

Cliniquement donc, on peut définir la tumeur blanche

scrofuleuse *toute affection articulaire chronique avec fongosités, ayant tendance à svppurer ou étant en pleine suppuration.*

Le nom de tumeur blanche rhumatismale ne doit être conservé que comme indiquant la cause de l'affection; elle ne diffère en rien de l'arthrite strumeuse par ses productions ; elle ne s'en éloigne que par ses terminaisons.

La tendance à la suppuration peut être mise en avant et de prime abord comme un caractère distinctif et de premier ordre entre les arthrites scrofuleuses et les arthrites rhumatismales.

L'embarras est plus grand quand il s'agit de définir l'arthropathie rhumatismale : on peut la définir peut-être de la manière suivante : toute affection articulaire subaiguë ou chronique,survenue chez un rhumatisant avéré, dans laquelle les lésions primitives sont tantôt passagères et disparaissent sans laisser de traces, tantôt permanentes et tendent à l'organisation des produits.

Et peut-être pourrait-on, en mettant en regard ces deux grandes tendances fondamentales, trouver une distinction générale entre ces deux classes d'arthropathies.

D'un côté destruction de la jointure par suppuration des produits primitifs, et souvent ruine complète de l'organisme; d'un autre côté destruction de la jointure par organisation des produits primitifs, avec conservation ordinaire de la santé générale.

Une première question importante à résoudre se rencontre ici : Sous quelle forme anatomique et clinique se présentent à l'observation les arthropathies scrofuleuse et rhumatismale? Avant d'aborder l'anatomie pathologique, nous croyons devoir proposer la classification suivante, dont les termes répondent, il nous semble, à des types différents : 1° au point de vue des lésions; 2° au point de vue des signes :

A. Arthropathies scrofuleuses.	Synovite fongueuse. Ostéo-synovite fongueuse. Synovite tuberculeuse, granuleuse.	Tumeurs blanches proprement dites.	
B. Arthropathies rhumatismales	Synovite congestive. *a*. Simple. *b*. Avec épanchement.	Arthrite rhumatismale avec ou sans hydarthrose.	
	Synovite plastique, pseudo-membraneuse, fibrineuse.	Arthrite rhumatismale ankylosante, rhumatism chronique fibreux de quelques auteurs.	
	Synovite et ostéo-chondrite proliférantes.	Rhumatisme osseux : *a*. Multiarticulaire. *b*. Partiel.	Arthrite sèche ou déformante.

Nous n'avons pas la prétention d'exprimer dans ce tableau toutes les lésions et tous les signes; nous cherchons seulement à caractériser les formes par leur expression anatomique ou symptomatique la mieux accusée.

III

ANATOMIE PATHOLOGIQUE GÉNÉRALE DES ARTHROPATHIES SCROFULEUSE ET RHUMATISMALE.

Nous avons à étudier ici les caractères anatomiques assignés aux arthropathies scrofuleuse et rhumatismale et à chercher en quoi ils diffèrent les uns des autres, soit au début des lésions, soit dans leur marche ultérieure.

I. *Arthropathies scrofuleuses.* — Les lésions du début ont été pendant longtemps décrites de la manière suivante, depuis les célèbres expériences du professeur Richet (1).

(1) Richet. Mémoire sur les tumeurs blanches. Mém. Académ. de médec., 1853, t. XVII et tirage à part.

Toute inflammation régulière de la synoviale marche comme il suit : sous l'influence d'une irritation, le tissu cellulaire sous-séreux s'injecte, la synoviale non encore vascularisée se couvre de taches ecchymotiques, perd son feuillet épithélial, se dépolit, devient grenue, puis grumeleuse, pendant que se développent dans l'intérieur de l'articulation des pseudo-membranes, quelquefois très-abondantes, d'autres fois peu marquées.

A ce moment du processus, deux évolutions peuvent se présenter : ou bien les granulations repoussent les fausses membranes qui les recouvrent, et, après s'en être débarrassées, prennent un développement considérable et deviennent des végétations fongueuses, *synovite fongueuse;* ou bien les pseudo-membranes adhèrent de plus en plus intimement à la surface de la séreuse enflammée, s'y organisent et y étouffent le développement des granulations, *synovite pseudo-membraneuse.*

Puis surviennent des altérations secondaires du cartilage, qui devient rugueux, raboteux, s'amincit par places, se perfore et laisse l'os à nu. Il est recouvert par les vaisseaux de la pseudo-membrane ou par de simples végétations vasculaires qui finissent par envahir sa surface. « A partir de ce moment, le cartilage est perdu, sa disparition n'est plus qu'une affaire de temps. La lamelle compacte qui recouvre les cellules de l'extrémité spongieuse de l'os est résorbée ; les végétations synoviales s'unissent à des végétations semblables qui émanent des cellules osseuses, et lorsqu'on ouvre une articulation à cette période on ne trouve plus qu'une cavité tapissée uniformément par une membrane continue, d'une consistance mollasse et d'une couleur qui varie du rose pâle au rouge vineux (1). »

(1) Richet. Mémoire sur les tumeurs blanches. Mém. Acad. de méd., t. XVII, 1853, p. 80.

Est-ce bien ainsi que les choses se passent en réalité ? Dans cette explication du processus pathologique l'expérimentation n'a jamais pu démontrer que la première période de l'évolution du début, les lésions se rapportant à l'arthrite traumatique; dans ce cas les exsudats intra-articulaires ne sont autres que des masses translucides, gélatineuses, n'ayant aucune analogie avec les vraies fongosités synoviales. Dans les tumeurs blanches, au contraire, l'exsudat serait consistant, formé de mucine, d'une matière albuminoïde, de granulations graisseuses et ne renfermant que peu d'éléments cellulaires (Paquet).

Pour Cornil et Ranvier, ces lésions du début des tumeurs blanches n'ont jamais été bien vues, ni bien interprétées; le microscope seul pourrait les démontrer, grâce à lui il serait possible de distinguer dans la maladie deux périodes caractérisées par des lésions différentes (1).

« Dans la première période, elles consistent dans une transformation granulo-graisseuse destructive des cellules du cartilage, et le plus souvent des corpuscules osseux de l'épiphyse.

« Dans la seconde, les parties frappées de mort par la transformation graisseuse, déterminent autour d'elles une inflammation éliminatrice (arthrite, ostéite raréfiante, suppurative, fongosités de la synoviale et de l'os, carie, abcès des os, hyperostose, condensation de l'os, nécrose, phlegmon chronique et abcès circonvoisins). »

En résumé, la définition anatomique *de la tumeur blanche repose sur les lésions du début, c'est-à-dire sur la dégénérescence graisseuse initiale des éléments cellulaires du cartilage et de l'os. Les autres lésions appartiennent à l'inflammation.*

(1) Cornil et Ranvier. Manuel d'histologie pathologique, 2e p., p. 422.

Nous examinerons ces lésions successives du cartilage, de la synoviale, des parties osseuses, des parties molles périarticulaires dans la scrofule. Nous répéterons la même analyse pour le rhumatisme, et ce sera le meilleur moyen de mettre en parallèle les caractères anatomiques des lésions scrofuleuses et rhumatismales, et nous verrons si cette comparaison est favorable à l'idée générale que nous nous faisons du processus de ces deux formes d'arthrites ; la destruction d'un côté, la prolifération de l'autre.

Lésions du cartilage. — On dirait que Bonnet devait du premier coup arriver à la perfection dans l'étude des affections articulaires, et sans le secours du microscope, il a pu deviner l'importance considérable que devait prendre l'étude des lésions cartilagineuses dans l'histoire des diverses arthropathies.

« Les lésions des cartilages d'incrustation, dit-il, jouent un grand rôle dans les maladies articulaires ; elles y sont très-fréquentes, et plus que toute autre peut-être, contribuent à leur donner le caractère qui leur est propre. »

Cette proposition qui ne pouvait être justifiée à l'époque où elle était émise par son auteur, trouve une confirmation éclatante dans le résultat des études histologiques contemporaines.

Quand les lésions sont anciennes, que la tumeur blanche ait suppuré ou non, on trouve les cartilages *ramollis.* Ils semblent macérés, ont perdu leur élasticité, leur forme, leur aspect lisse, et paraissent comme formés de fibrilles implantées perpendiculairement à l'os (*altération* velvétique de Redfern). Quelquefois transformés en une masse putrilagineuse, ils sont décollés de l'épiphyse subjacente, soit par l'inflammation, soit par le développement des fongosités de l'extrémité du tissu spongieux de l'os. (*Décortication*).

Ils peuvent encore être le siége d'*érosions* (*ulcérations* des Anglais) irrégulières, taillées à pic, allant jusqu'à l'os mis à nu ou recouvert de fongosités qui s'engagent dans la perte de substance.

On a encore signalé leur *nécrose* (Broca), leur *usure* (Cruveilhier), leur *résorption* complète.

Mais ces dernières lésions peuvent appartenir à certaines formes de l'arthropathie rhumatismale, et c'est au début qu'il faut chercher les dégénérescences caractéristiques de la scrofule.

Elles sont essentiellement représentées par la dégénérescence graisseuse des cellules du cartilage avec irritation des parties voisines ; ce serait *la carie* du cartilage.

« Les cartilages ont conservé le poli de leur surface ; ils présentent une opacité légère, et ils ont perdu un peu de leur élasticité. Les cellules contiennent des granulations graisseuses fines, et quelques-unes sont complétement détruites par la dégénérescence graisseuse. Celle-ci commence par les couches superficielles et gagne peu à peu les parties profondes ; elle arrive dans certains cas à affecter le revêtement cartilagineux dans toute son épaisseur.

Généralement, elle n'est pas répartie d'une manière égale sur toute l'étendue du cartilage, et en cela elle ne diffère pas des autres lésions cartilagineuses : telle partie du revêtement de l'articulation est complètement transformée, tandis que telle autre n'est modifiée qu'à sa surface, ou même ne présente aucune altération.

La dégénérescence graisseuse aboutit, dans tous les cas, à la destruction des cellules contenues dans les capsules, de telle sorte que, lorsqu'elle est complète, on ne trouve plus dans les cavités capsulaires que des granulations graisseuses, et le noyau de la cellule a disparu. En même temps, la substance fondamentale du cartilage se ramollit, et ne résiste plus aux mouvements et aux pressions articulaires. Aussi, tout à la fin de ce processus, les capsules ne contenant guère que des granulations graisseuses se déforment. (1)

« Plus tard, les modifications qui surviennent dans les cartilages ne sont pas toujours les mêmes : dans le cas où le revêtement cartilagineux a subi la transformation graisseuse de ses cellules dans toute son épaisseur, il se comporte comme un corps inerte. Il se ramollit de telle sorte que, sous l'influence des mouvements articulaires qui persistent encore, il se détache sous forme de lambeaux plus ou moins étendus, qui, retenus par un bord ou complètement libres, flottent dans la cavité articulaire. Il peut se faire aussi que les bourgeons charnus développés dans l'épiphyse soulèvent et détachent le cartilage qui flotte librement dans le pus dont est remplie l'articulation.

« Que le cartilage ait été soulevé en masse par les bourgeons charnus nés de l'os, ou bien qu'il ait été usé par le processus velvétique, il disparaît complètement à un moment donné, et est remplacé par des bourgeons charnus ou du tissu fibreux embryonnaire. »

En résumé, tendance destructive par dégénérescence graisseuse des éléments du cartilage d'incrustation, se prononçant pendant les premières phases de la maladie, dans l'arthrite scrofuleuse, tel est le fait ordinaire ; nous verrons qu'à côté de cette forme de lésions, nous pourrons en trouver d'autres, dues à l'irritation et qui se rapprochent beaucoup des troubles liés au rhumatisme chronique.

On peut donc déjà trouver là un caractère différentiel important entre les deux genres d'arthropathies ; mais

(1) Cornil et Ranvier, p. 422, loc. cit.

c'est surtout dans la prédominance de telle ou telle lésion qu'il faut chercher ces différences.

Lésions des os. — Il n'est pas douteux qu'à un certain degré d'évolution des arthrites chroniques, quelles que soient leur nature et leur origine, les extrémités osseuses articulaires ne soient elles-mêmes envahies : leurs altérations même sont tellement fréquentes, que Rust avait cherché à établir que la maladie débute toujours par les os dans les tumeurs blanches, opinion trop exclusive si l'on étend le titre de tumeur blanche à toutes les arthrites chroniques, vraie peut-être si on la restreint à l'arthrite fongueuse.

Cette opinion un peu transformée a reçu de Ranvier et Paquet une importante sanction, et sans pouvoir trancher ici la question encore contestée du mode de début des tumeurs blanches par la synoviale ou par les os, on peut dire avec raison que la vérité n'est exclusivement ni d'un côté ni de l'autre, et qu'il faut, à mon sens, faire une distinction importante dans l'origine de la tumeur blanche.

Boyer (1) avait déjà bien fait cette distinction : « Le vice rhumatismal et le scrofuleux sont les causes les plus ordinaires des tumeurs blanches, et l'on peut dire sans crainte de se tromper, que plus des trois quarts de ces tumeurs sont dues à l'un ou à l'autre de ces vices. Celles qui attaquent les jeunes gens et les adultes forts et pléthoriques, dépendent ordinairement du premier ; tandis que celles qui arrivent aux enfants sont presque toujours causées par le second. On sait que le vice rhumatismal a une sorte de prédilection pour les grandes articulations, et qu'il exerce particulièrement son action sur les ligaments

(1) Boyer, t. IV, p. 500.

qui les environnent, et sur le tissu cellulaire voisin, dont il produit l'épaississement, l'endurcissement, en déterminant l'exsudation de la matière glaireuse dont nous avons parlé plus haut ; aussi remarque-t-on que ces *parties sont les seules affectées dans les premiers temps des tumeurs blanches causées par le vice rhumatismal.*

« Quant au vice scrofuleux, on n'ignore pas qu'il attaque fréquemment, surtout dans l'enfance, les extrémités des os, et qu'il y produit un gonflement plus ou moins considérable accompagné d'abord du ramollissement de la substance spongieuse, dont les extrémités sont abondamment pourvues, et ensuite la carie et la destruction de cette substance. Aussi, remarque-t-on que dans les tumeurs blanches produites par le vice scrofuleux, *le mal commence par les os*, et que les parties molles ne sont attaquées que consécutivement. Ainsi, toutes les fois que les tumeurs blanches sont produites par le vice rhumatismal, la maladie attaque d'abord les parties molles, puis les os ; et au contraire, lorsqu'elles sont produites par le vice scrofuleux, les os sont primitivement affectés et ensuite les parties molles. »

Vraies peut-être quand il s'agit de l'arthrite fongueuse suppurative, ces propositions ne peuvent plus s'appliquer aux arthrites chroniques vraiment rhumatismales ; pour nous, en effet, quand il y a arthrite fongueuse avec tendance à la suppuration, que la maladie ait débuté par les os, qu'elle ait débuté par la synoviale, il ne s'agit plus d'une arthrite rhumatismale ; il s'agit d'une arthrite de scrofuleux, que la cause ait été rhumatismale ou non.

La seule distinction utile que l'on puisse faire nous paraît être celle-ci :

Chez les scrofuleux, la *fongosité*, élément constitutif de la tumeur blanche, a son point de départ dans une lésion articulaire tantôt osseuse, tantôt synoviale ; elle a une évolution particulière, dont la tendance ordinaire est la suppuration.

Chez les rhumatisants, la fongosité, quand elle existe, a son point de départ dans la synoviale ; elle n'a pas de tendance à envahir les os ; elle n'a pas tendance à suppurer.

La tumeur blanche *d'emblée*, survenant chez un enfant ayant les caractères de la scrofule est, sans doute, dans la majorité des cas, une ostéite fongueuse au début ; la tumeur blanche *qui succède* à une arthrite rhumatismale est, le plus souvent, une synovite fongueuse. Nous déterminerons plus tard, dans quelles conditions se produit ainsi la tumeur blanche d'origine rhumatismale. Mais si la suppuration arrive, si les os sont envahis à leur tour, il ne s'agit plus d'une arthrite rhumatismale, il s'agit d'une véritable tumeur blanche scrofuleuse, dont l'origine peut avoir été le rhumatisme, mais dont l'arrivée est la scrofule.

Ce serait entrer ici dans des détails inutiles pour notre sujet et reproduits partout, que de faire une énumération des diverses lésions osseuses articulaires primitives, qui peuvent être suivies d'une arthrite secondaire.

Ce sont en premier lieu la *carie* (Ranvier et Paquet), et tous les accidents que cette maladie entraîne à sa suite, puis l'*ostéite*, l'*infiltration lie de vin* (Nichet, Bonnet (de Lyon), Tavignot, Gonzalès Ecchéverria), l'*infiltration demi-transparente*, l'*infiltration graisseuse* (Nichet), en un mot tous les processus à tendance destructive, enfin les tubercules des os dont l'ouverture dans l'article peut être suivie d'une inflammation articulaire suraiguë, qui, sur un terrain de cette nature, conduit vite à la forme fongueuse.

Nous verrons cliniquement qu'il est important de reconnaître cette altération osseuse primitive ; sa connaissance entraîne des conséquences de la plus haute importance, au point de vue du pronostic et des indications.

Lésions des parties molles. Synoviale. — Il semble au premier abord que rien ne serait plus facile que de décrire les altérations de la synoviale dans les deux formes d'arthropathies que nous étudions. Mais en entrant dans le détail, on ne tarde pas à s'apercevoir qu'une certaine confusion règne encore à ce sujet. La difficulté réside surtout dans l'abus que l'on a fait du mot *rhumatismal;* on a décrit sous le nom d'*arthrite rhumatismale* de véritables tumeurs blanches ayant succédé on non à une attaque de rhumatisme vrai ou n'ayant de rhumatismal que la notion d'un refroidissement antérieur, d'un séjour dans une habitation humide. On a alors décrit dans la tumeur blanche deux formes anatomiques : une forme *fongueuse* appartenant plus spécialement à la scrofule, une forme *pseudo-membraneuse*, le plus souvent liée au rhumatisme, mais avec ce caractère commun aux deux genres de lésions, que l'une et l'autre pouvaient s'accompagner de suppuration, et à chaque instant, dans les observations, nous trouvons la mention de tumeur blanche rhumatismale suppurée, avec destruction osseuse, etc.

Or, pouvons-nous admettre une pareille assertion et accepter avec cette facilité la suppuration d'une affection rhumatismale, alors que, pour nous, avec la majorité des auteurs, l'*absence de suppuration* est précisément un caractère distinctif des affections franchement rhumatismales.

Que la synovite pseudo-membraneuse puisse, sur un terrain scrofuleux, aboutir à la formation de fongosités, nous ne le contestons pas; mais c'est une terminaison trop rare du rhumatisme et ne se produisant que dans des conditions assez spéciales pour que l'on ne la fasse pas rentrer, sans restriction, dans la pathogénie des tumeurs blanches.

Nous admettrons donc comme appartenant spécialement à l'arthropathie scrofuleuse et pouvant la caractériser, les lésions suivantes :

la synovite et l'ostéo-synovite fongueuses.

la synovite fongueuse granuleuse ou tuberculeuse, avec leurs diverses terminaisons.

A. *Synovite fongueuse simple.* — Nous sommes très-pauvres en documents précis sur l'état de la synoviale dans les premiers temps de l'affection, et cette pénurie de faits n'est pas la moindre cause des difficultés quand il s'agit d'interpréter le mode de début de la tumeur blanche

Nous rapportons deux autopsies de coxalgie faites très près du début des lésions et dans lesquelles l'état de l'articulation a été soigneusement décrit (1).

Dans le premier de ces deux cas, observé sur une enfant âgée de 6 ans 1/2, les premiers symptômes s'étaient manifestés un peu moins d'un mois avant la mort (qui fut occasionnée par le croup, compliqué de pneumonie et de gangrènes multiples) et, à l'autopsie, on constata, en incisant la capsule articulaire, l'absence de toute espèce d'épanchement liquide : la tête fémorale et le cotyle étaient en contact parfait, et il fallut même faire un effort assez énergique pour obtenir leur séparation qui s'effectua avec bruit. La cavité articulaire était donc bien vide ; mais la séreuse était colorée en rouge ou en orangé, pâle, avec une vive injection arborisée dans presque toute son étendue. Les cartilages d'encroûtement de la tête fémorale et de la cavité cotyloïde avaient perdu leur couleur bleue translucide pour devenir d'un jaune ocreux, pâle, mat, nuancé par place de rose très-pâle. Leur surface était restée néanmoins brillante et lisse. Le bourrelet synovial et graisseux, qui s'observe normalement à l'union

(1) Guéniot. Gaz. hôp., 1869, 18 sept.

de la tête et du col dans les deux tiers antéro-internes, était devenu d'un rouge carminé très-vif. Le ligament rond et le bourrelet graisseux du cotyle étaient également injectés. Enfin des concrétions pelliculaires, sorte de pseudo-membranes très-délicates, s'observaient sur la partie intra-capsulaire du col, surtout au niveau du cul-de-sac inférieur de la synoviale. A la partie postérieure du col du fémur on voyait un point de l'os, dénudé et érodé, formant une petite ulcération elliptique (de 5 millim. de longueur sur 4 millim. de largeur). C'était la seule lésion osseuse existant dans le squelette de la région ; le cotyle ne portant aucune érosion semblable.

Dans le second cas publié par M. Guéniot, et observé sur une enfant âgée de 7 ans, les premiers symptômes s'étaient tout au plus manifestés vingt jours avant la mort (qui fut le résultat d'une angine grave), et, à l'autopsie, on constata du côté de l'articulation coxo-fémorale gauche une modification dans l'aspect du cartilage de la tête du fémur qui présentait une teinte ocreuse. jaune, uniforme, et paraissait en même temps moins translucide que du côté sain. C'était du reste la seule différence constatable, à l'œil nu, entre le côté sain et le côté malade.

A l'examen microscopique, dans les deux cas, on constata les lésions qui caractérisent la dégénérescence granulo-graisseuse des éléments cellulaires du cartilage, dégénérescence surtout avancée dans les couches les plus superficielles et dont l'aspect était tout à fait identique à celui que M. A. Paquet a décrit dans son *Etude sur les tumeurs blanches* (Paris, 1868).

Ainsi, à cette période, rien encore de caractéristique dans l'état de la synoviale ; on ne note que la congestion de la séreuse et des pseudo-membranes très-délicates. Dans le second cas, la synoviale paraissait intacte et la lésion siégeait tout entière dans le cartilage, détail important au point de vue de l'enchaînement des phénomènes.

Dans un autre cas rapporté par Cornil et Ranvier (1), on trouva, à la surface de la synoviale ainsi que sur les cartilages, un exsudat muqueux concret, grisâtre et gélatiniforme qui, sur des coupes, donna l'apparence d'un très-beau réseau dans les mailles duquel on trouvait une substance liquide dénuée d'éléments cellulaires.

(1) Manuel d'histologie pathologique, t. II, p.422.

M. Richet (1) a cherché auparavant à combler par l'expérimentation ce desideratum de l'anatomie pathologique et nous avons déjà rapporté les résultats qu'il avait obtenus. Il en ressort, ainsi que des observations nécroscopiques, qu'à leur début toutes les altérations ne semblent, en définitive, devoir se rattacher qu'à un seul et même principe, l'inflammation, que peuvent d'ailleurs modifier les diverses diathèses, rhumatismale, scrofuleuse et syphilitique (Richet).

Dans l'arthropathie scrofuleuse, une fois l'exsudat établi tant dans la cavité de la synoviale qu'en dehors de cette membrane, celle-ci, qui est déjà rouge et plus ou moins épaissie, se dépouille de son épithélium par places ou en totalité. En même temps l'exsudat y adhère fortement et l'on voit s'organiser dans son sein des éléments fibro-plastiques, cellules et noyaux, et des vaisseaux capillaires. Ces vaisseaux, d'abord indépendants, finissent par s'aboucher avec ceux de la synoviale et du tissu cellulaire, et l'élément fongueux se trouve désormais constitué. Son développement incessant remplit la capsule articulaire, envahit les ligaments, fait hernie à l'extérieur; c'est cet état de la synoviale qui a été décrit par Reimar, Brambilla, sous le nom de *fungus articulorum*, le fongus articulaire (2).

Plus spécial à la scrofule, peut-être le retrouverons-nous dans certaines arthropathies d'origine rhumatismale.

C'est, pour ainsi dire, la période confirmée des lésions de la synoviale : elles nous amènent à un point où l'avenir de l'articulation va se décider : c'est à ce moment, en effet, que, suivant l'évolution de la fongosité, l'arthrite va devenir purulente ou se terminer par une pseudo-ankylose due à la transformation fibreuse des fongosités.

(1) Richet, Mém. Acad. méd., t. XVII, 1853.

Ces fongosités, qui ne diffèrent en rien comme aspect ni comme structure des bourgeons charnus ordinaires développés sur les surfaces suppurantes, se composent : 1° d'éléments fibro-plastiques, cellules et noyaux ; 2° de granulations élémentaires ; 3° de vaisseaux capillaires de nouvelle formation ; 4° d'une matière amorphe demi fluide, dans laquelle sont plongés les éléments précédents.

Ces fongosités présentent une coloration et un aspect très-variables : tantôt les bourgeons en sont pâles, décolorés et œdématiés ; elles ressemblent à de la chair d'anguille ; d'autres fois, d'un rouge vineux, saignant facilement, au moindre contact, très-vasculaires, elles peuvent offrir dans leur épaisseur de véritables foyers apoplectiques, dus à la rupture des petits vaisseaux.

Les éléments cellulaires de ce tissu n'ont qu'une existence transitoire et tendent à se transformer en tissu lamineux et fibreux. Lorsque cette transformation est eu voie de s'accomplir, la vascularisation du tissu fongoïde diminue. Celui-ci devient blanchâtre, consistant, translucide, comme gélatineux, et offre à la coupe des faisceaux de tissu lamineux, blanchâtre, qui s'entrecroisent en divers sens. C'est là ce qu'on a désigné sous le nom de *tissu lardacé*. Quand la maladie articulaire continue à marcher vers la guérison, le tissu lardacé s'efface à son tour, et à sa place on retrouve un tissu cellulaire ou fibreux dur. La tumeur blanche peut être considérée comme *guérie*, seulement il y a eu autour de l'articulation et dans l'intérieur de celle-ci production de tissu fibreux ; de là une ankylose incomplète, qui devient elle-même complète si le tissu fibreux vient à passer à l'état osseux. On voit, d'après cela, que le tissu lardacé représente un degré d'organisation plus avancé que le tissu fongueux, ou mieux que c'est ce dernier tissu en voie de formation cellulo-fibreuse. Pour que la guérison d'une tumeur blanche s'effectue, il faut donc que le tissu fongueux puisse passer à l'état de tissu lardacé d'abord, et cellulo-fibreux ensuite. On comprend dès lors pourquoi la guérison est plus facile à obtenir, et le pronostic de la maladie moins grave lorsque le tissu lardacé existe seul ou prédomine, que quand on a affaire à des fongosités abon dantes. C'est pourquoi aussi le passage de ces dernières à l'état lardacé indique la tendance de la maladie à la guérison, et est habituellement d'un bon augure (Panas, Dict. de méd. et de chirurg.).

Mais cette transformation peut faire défaut, et la tendance destructive s'accentue de plus en plus : sous l'influence de la cachexie le tissu fongueux ne se forme plus qu'incomplètement, ou après qu'il s'est formé il se détruit, et, dans les deux cas, on le trouve remplacé par un produit d'une organisation inférieure, impropre à tout travail de réparation, le *pus*.

Enfin, les fongosités peuvent devenir le siége de productions néoplasiques *tuberculeuses,* dont l'apparition peut imprimer une marche plus rapide à l'affection préexistante (Koster, Cornil, Roux, Lannelongue, Priou).

Arthrite tuberculeuse ou synovite granuleuse. — Les tubercules des synoviales soupçonnés et peut-être vus par Bonnet (1), qui a surtout décrit, sous ce nom, d'après Richet et Nélaton, la caséification du pus, soit dans les épiphyses, soit dans la synoviale, n'ont été nettement démontrés que depuis les mémoires de Koster (2), de Cornil (3), et les travaux plus récents de MM. Roux (4), Lannelongue (5) et Priou (6).

(1) Bonnet. Traité des maladies des articulations, t. II, p. 101.
(2) Koster. Virchows Arch. für patholog. anat. und physiologie und für klinische medic. V. 48, p. 95.
(3) Archives physiol., 1870, page 325.
(4) J. Roux. De l'arthrite tuberculeuse, démonstration de cette affection par inoculation de produits synoviaux, th. Paris, 1875.
(5) Bull. Soc. chirurgie, 1878, t. IV.
(6) Th, Paris, 1878.

Nous ne ferons pas ici l'histoire complète de ces productions tuberculeuses dans l'intérieur des articulations, au niveau des parties osseuses ou des parties molles. Nous ne chercherons qu'à démontrer, d'après les travaux que nous avons cités, la manière dont se fait ordinairement la tuberculose articulaire.

La granulation tuberculeuse offre ici ses caractères macroscopiques et microscopiques ordinaires ; tout l'intérêt de la question est surtout renfermé dans l'époque d'apparition des tubercules dans les synoviales, dans leur évolution et dans les transformations qu'ils peuvent subir.

On peut (Priou) distinguer une tuberculose *primitive* et *secondaire* des synoviales. Cette distinction nous paraît de la plus haute importance : tandis que la première forme peut donner lieu à une variété d'arthropathie particulière, se traduisant par des signes spéciaux, et peut être curable (Lannelongue) ; la seconde, au contraire, n'est qu'un épiphénomène dans le cours de la tuberculisation aiguë et généralisée. Les tubercules, dans cette forme dite *granulie*, se jettent sur les synoviales articulaires comme sur les plèvres, le péritoine, les méninges, en donnant lieu à des signes fugaces que la mort ne permet pas d'observer longtemps (1).

a. *Synovite tuberculeuse primitive.* — C'est la forme la plus nette et celle qui présente le mieux la lésion tuberculeuse isolée. Elle débute parfois à la suite d'une fatigue locale ou d'un traumatisme ; d'autres fois, elle apparaît simultanée ou immédiatement consécutive à une ostéite. Dans la grande majorité des cas, l'ostéite tuber-

(1) Powel. Du pseudo-rhumatisme tuberculeux, th. Paris, 1874. Laveran. Progrès médical, 1876, n° 44.

culeuse semble préexister à la synovite. La lésion est alors *mono-articulaire* la plupart du temps, et simule assez bien l'hydarthrose chronique. Elle précède de près ou de loin la tuberculose généralisée ; nous pouvons l'appeler forme *subaiguë* (Priou).

M. Lannelongue est disposé à croire que cet état est plus commun qu'on ne pense. Les lésions granuleuses ne seraient plus reconnaissables lorsque l'articulation est en grande partie détruite par des fongosités et des produits inflammatoires de toute sorte. Le même auteur ne doute pas que telle ne soit l'origine presque exclusive d'une certaine catégorie de tumeurs blanches, dans lesquelles les lésions osseuses sont à peine exprimées, tandis que les lésions de la synoviale par leur très-grand développement constituent toute l'affection. Cette forme serait au surplus primitive et probablement curable (1).

b. *Synovite secondaire.* — Elle apparaît dans le cours de la tuberculose confirmée, et affecte souvent la forme *rhumatismale.* Elle est polyarticulaire et présente une acuité variable, toujours marquée lorsqu'elle se montre au milieu d'une granulie généralisée, moins prononcée lorsqu'elle est le fait d'une détermination ultime de la diathèse. Dans ce cas, en effet, elle ne s'accompagne que rarement de réaction locale ou générale. Elle représente néanmoins, dans la majorité des cas, la forme aiguë. (Priou.)

c. *Tuberculose articulaire consécutive à l'arthrite fongueuse ou à des lésions chroniques des extrémités osseuses.* — Elle survient dans le cours d'une tumeur blanche ou d'une affection articulaire chronique quelconque. Elle

(1) Bull. et Mém. Soc. chirurgie, t. IV, p. 300.

coïncide avec l'apparition de la tuberculose ou avec une exacerbation de la diathèse.

C'est la forme *chronique* par excellence ; c'est dans ces cas qu'apparaissent, si elles n'existaient déjà; les collections purulentes périarticulaires et les fistules.

Nous manquons encore d'éléments pour apprécier la fréquence relative de ces diverses formes ; l'une d'entre elles seulement, la synovite tuberculeuse primitive, présente un intérêt chirurgical ; mais elle semble être la plus rare, et les signes qui la révèlent nous paraissent encore obscurs.

B. *Arthropathies rhumatismales.* — On décrit, sous le nom de rhumatisme articulaire chronique, un groupe complexe d'affections qui ont pour siége principal et primitif le système articulaire ou périarticulaire, dont l'évolution est particulièrement longue et lente, et qui, malgré l'apparente diversité de quelques-unes d'entre elles, appartiennent toutes à *la maladie rhumatismale* par des conditions communes d'étiologie, de lésions, de symptômes, et d'associations héréditaires collatérales ou individuelles. (Besnier.)

Il est difficile de tracer une anatomie pathologique générale de ces diverses arthropathies, les unes ne présentant qu'une forme atténuée dans laquelle les lésions s'arrêtent de bonne heure dans leur évolution et permettent à l'articulation de recouvrer l'intégrité de son fonctionnement, les autres manifestant d'emblée une tendance à la chronicité ou arrivant par une série de transitions insensibles à l'envahissement de tous les éléments de la jointure. Mais dans toutes, les lésions du début sont les mêmes, et nous aurons surtout en vue dans cette description générale l'étude des altérations qui caractérisent l'arthropathie rhumatismale chronique, en indiquant leurs variétés et leur mode de combinaison suivant la forme et suivant l'évolution de l'arthrite.

On peut, en effet, distinguer dans les arthropathies rhumatismales des formes *superficielles* dans lesquelles les tissus fibro-synoviaux sont particulièrement intéressés et des formes *profondes* où il y a en même temps altération des extrémités articulaires. Mais le passage des premières aux secondes étant un fait fréquent, nous examinerons surtout les lésions *types* du rhumatisme articulaire chronique.

a. *Lésions du cartilage diarthrodial.* — Nous ne nous occuperons pas ici des lésions propres au rhumatisme articulaire aigu, elles ont été décrites d'une manière complète, depuis longtemps déjà, par MM. Ollivier et Ranvier (1865).

Elles consistent essentiellement dans une irritation nutritive et une prolifération des cellules cartilagineuses, se montrant sous forme d'îlots, avec perte de l'élasticité normale du cartilage. En même temps la substance fondamentale comprise entre les capsules primitives se segmente, en donnant lieu à des stries et à des incisures que l'on pourrait confondre avec l'état velvétique du rhumatisme chronique (état pseudo-velvétique).

Dans les arthrites rhumatismales chroniques, quelles que soient les articulations atteintes et dans toutes les formes de la maladie, le processus est le même.

Redfern, Otto Weber, Volkmann, ont décrit d'une manière très-nette les modifications qui se forment *au centre* du cartilage et qui produisent *l'état velvétique ;* Ranvier a mieux montré comment les lésions *de la périphérie* donnent lieu aux *ecchondroses* et aux productions périarticulaires.

A la *surface* du cartilage, les cellules cartilagineuses

entrent en prolifération et donnent lieu à la formation de capsules secondaires, pendant que la segmentation de la substance fondamentale laisse échapper le contenu des capsules primitives dans la cavité articulaire. En même temps les fibrilles, en lesquelles s'est segmentée la substance fondamentale, subissent une dégénération muqueuse qui donne naissance à la mucosine, laquelle se retrouve en abondance dans la synovie. Arrivée à cet état, la lamelle cartilagineuse molle, incapable de résister aux frottements et pressions articulaires, peut s'user et disparaître, laissant à nu les extrémités osseuses. Mais ce n'est pas là le fait le plus ordinaire : généralement, en effet, *dans la profondeur*, au voisinage des os, les capsules agrandies et remplies de capsules secondaires s'infiltrent de sels calcaires, s'ouvrent et s'évacuent dans les espaces médullaires et deviennent cellules embryonnaires de la moelle, le point de départ de tissu osseux nouveau. C'est ainsi que se produit l'éburnation de la surface osseuse, sur laquelle nous reviendrons en étudiant le tissu osseux dans les diverses formes d'arthrites chroniques. *A la périphérie*, la portion *extra-synoviale* du cartilage diarthrodial est également le siége d'un travail de prolifération cellulaire auquel participe aussi sans doute le périoste ; mais au point où la membrane synoviale s'unit avec le périoste les capsules du cartilage ne peuvent s'ouvrir dans la cavité articulaire ; elles continuent à proliférer sur place et déterminent la formation des bourrelets osseux qu'on rencontre en ces points (Ranvier). Ce travail de destruction du cartilage a son centre de production osseuse à sa périphérie, nous rend compte des diverses altérations de forme que nous présentent les jointures atteintes de rhumatisme chronique : aux phalanges, la disparition progressive du centre du cartilage par altération velvétique et l'ossification des petites ecchondroses périphériques produisent cette apparence spéciale qui a fait appeler la maladie *rhumatisme noueux*.

Au genou, à la hanche, les mêmes phénomènes histologiques donnent lieu à ces déformations singulières dues à la présence d'ostéophytes spongieux et compactes, de dimensions parfois colossales et de formes variées, qui caractérisent l'arthrite sèche du genou et le *morbus coxæ senilis*. Nous verrons plus tard que les muscles, les ligaments, les capsules fibreuses prennent part aussi à ce travail d'organisation destructive et que l'ossification peut envahir tous les éléments de la jointure.

Ainsi, en résumé, d'*un côté, dans l'arthropathie scrofuleuse, dégénérescence graisseuse et mort des éléments cellulaires du cartilage ;* d'un autre côté, *dans l'arthropathie rhumatismale, prolifération des mêmes éléments.*

Il y a cependant des cas mixtes où ces différences ne sont pas aussi tranchées et où il existe des analogies entre les lésions; dans certains cas d'arthrite fongueuse il est possible de voir les éléments du cartilage entrer en active prolifération, comme dans l'arthrite rhumatismale, mais dans ce cas le phénomène n'est que secondaire, il ne traduit, pour ainsi dire, que l'irritation déterminée par la présence de cellules dégénérées, comme l'ostéite qui succède à la carie (Ranvier). Il se présente aussi quelquefois des stalactites osseuses; mais elles sont très-vasculaires (Billroth); elles diffèrent profondément des stalactites épaisses, à bords mousses, ayant la forme de gouttes de suif et généralement peu vasculaires, qui caractérisent l'arthrite déformante. Ainsi les lésions élémentaires de ces deux affections diffèrent les unes des autres, mais il existe des cas mixtes où elles peuvent se trouver réunies (Charcot).

Dans d'autres formes de l'inflammation rhumatismale, ayant surtout pour siége le tissu fibreux (périarthrite, capsulite), les lésions profondes ne sont pas du même ordre : on n'en trouvera pas d'autres, dans l'intérieur de l'articulation, que celles qui résultent de l'inactivité plus ou moins prolongée de la jointure, lésions que, depuis les expériences de C. Reyher, de Dorpat, sur les animaux, on sait se séparer nettement de celles qui sont la conséquence d'une inflammation intra-articulaire (1). Tous les désordres siégeront dans l'épaisseur de la capsule et au dehors d'elle ; en dedans, on trouvera encore les surfaces articulaires intactes partout où elles seront demeurées en contact ; ailleurs seulement les cartilages seront dégénérés et transformés en tissu conjonctif, les os auront poussé des ostéophytes, etc., etc.

b. *Lésions des os.* — Lorsque les filaments du cartilage, dépourvus de leurs cellules et soumis aux frottements articulaires, ont disparu progressivement jusqu'à la couche calcifiée du cartilage, celle-ci, mise à nu, s'use à son tour, et les surfaces articulaires deviennent *éburnées*, soit aux dépens de la partie profonde du cartilage articulaire, soit aux dépens de l'os préexistant ; en même temps il se produit des végétations osseuses situées en général à la limite du cartilage, véritables ostéophytes d'abord cartilagineux, puis osseux.

Une autre altération se manifeste, due à la raréfaction du tissu osseux aux extrémités articulaires : 1° par vascularisation au-dessous de la couche éburnée et formation de moelle osseuse nouvelle ; 2° par raréfaction de l'os qui se transforme en une sorte de moelle graisseuse (Charcot). Et dans ce cas « la surcharge graisseuse est tellement considérable que les travées de l'os sont amincies, à tel point que le doigt les casse avec la plus grande facilité et

(1) C. Reyher. In Deutsch. Zeitschr. f. Chir., nov. 1873.

pénètre profondément dans le tissu spongieux. Ces travées osseuses amincies, examinées au microscope, sont parfaitement régulières, et elles montrent des corpuscules osseux munis de cellules et ne contenant pas de granulations graisseuses (1). »

Tous ces faits se rapportent aux cas où la jointure reste *mobile ;* dans ceux où elle est *immobile*, l'éburnation ne se produit plus (Adams). Il se fait une néoplasie de tissu conjonctif aux dépens de la synoviale, avec ou sans participation de la substance fondamentale ou des cellules du cartilage (Forster). Il se développe un tissu embryoplastique qui unit les os les uns aux autres et qui se vascularise à un moment donné ; il se forme une ankylose, tantôt fibreuse, tantôt osseuse, le plus rarement, si ce n'est dans les petites jointures.

Enfin le professeur Gosselin a signalé dans les arthropathies rhumatismales plastiques, soit sur le fémur, soit sur le tibia, soit sur la rotule, un épaississement osseux, une véritable hyperostose qui semble n'appartenir qu'à ces formes d'arthrites et qui diffère essentiellement du gonflement douloureux des ostéites scrofuleuses.

Lésions des parties molles. — Il me paraît important, ici surtout, de faire une distinction entre les diverses formes d'arthrites rhumatismales. Si toutes en effet peuvent conduire aux lésions osseuses et cartilagineuses que nous avons étudiées précédemment, toutes ne présentent pas, à leur début, les mêmes lésions de la synoviale ni la même tendance dans leur évolution ; et ces différences sont surtout rendues manifestes par l'étude des lésions des tissus fibro-synoviaux.

Le professeur Charcot, dont nous nous plaisons à reconnaître l'immense autorité en pareille matière et aux

(1) Ranvier. Loc. cit., p. 419.

travaux duquel nous avons fait de fréquents emprunts, nous semble avoir trop unifié le rhumatisme chronique ; pour lui, le rhumatisme articulaire chronique comprend exclusivement les variétés de l'arthrite sèche avec les caractères divers qu'elle peut revêtir, suivant le siége des articulations affectées et suivant la période des lésions. Mais pour les chirurgiens, par un vice de langage peut-être, le rhumatisme comprend un certain nombre d'arthropathies qui diffèrent essentiellement de l'arthrite sèche par leurs signes et leurs terminaisons. Nous avons cherché à en donner plus haut une clasification, fondée à la fois sur la prédominance des lésions et des signes dans telle ou telle forme, et de nouveau nous éprouverons ici, dans l'étude des altérations anatomiques, le besoin d'établir des classes, tout en faisant remarquer que les lésions peuvent s'enchaîner et se succéder, de manière à amener la jointure de la forme la plus simple de l'arthrite congestive à la forme la plus grave de l'arthrite déformante ou de l'arthrite ankylosante.

On doit donc reconnaître dans ces arthropathies d'origine rhumatismale des formes *superficielles* (*rhumatisme simple*, *superficiel*, *synovial*), dans lesquelles les altérations articulaires ne semblent guère dépasser le degré moyen qui appartient au rhumatisme articulaire subaigu et ne *déforment* pas les extrémités articulaires. Les lésions de la synoviale, du cartilage et celles des tissus périarticulaires ne dépassent pas le premier degré et ne s'accompagnent, que dans les paroxymes, d'épanchement intra-articulaire. Dans les cas anciens ou intenses, l'atmosphère périarticulaire est atteinte à un degré plus élevé et se rétracte sur les extrémités osseuses qui semblent alors plus saillantes, souvent deviées et immobilisées par des rétractions aponévrotiques et tendineuses.

Au contraire, dans d'autres formes plus *profondes*, les lésions à marche aiguë ou subaiguë, le plus souvent chronique d'emblée, après leur début ordinaire par le cartilage et la synoviale, envahissent rapidement les os, les tendons, les muscles, donnant lieu à des productions cartilagineuses, osseuses, qui modifient la texture, la forme et le volume des éléments de la jointure. C'est le rhumatisme osseux. (Besnier.)

Nous étudierons successivement ces divers formes.

A. *Synoviale*. Les altérations de la synoviale ont été rarement observées dans les trois premières classes que nous avons établies, et c'est seulement d'après quelques rares autopsies d'hydarthrose qu'elles ont été décrites.

Brodie (1) rapporte que « à l'examen de la partie malade, dans toute l'étendue de la surface interne, excepté lorsqu'elle recouvre les cartilages, la membrane était d'une couleur rouge foncée ; les vaisseaux étaient aussi nombreux et aussi distendus par le sang que ceux de la conjonctive dans une violente ophthalmie. A la partie supérieure et antérieure de l'articulation, il s'était épanché un flocon transparent de lymphe coagulable à la surface interne de la membrane synoviale, de la grandeur d'une demi-couronne. »

Dans les hydarthroses récentes Blandin a trouvé la synoviale rouge, injectée : « les cartilages articulaires étaient intacts ; à cette époque, l'injection vasculaire était surtout prononcée au niveau de ces replis qu'on a appelés franges synoviales, et, soit dit en passant, jamais je n'ai trouvé d'injection réelle dans les cartilages diarthrodiaux..... »

Dupuytren, ayant eu l'occasion de pratiquer l'autopsie

(1) Brodie. Obs. I, p. 9. Traité des mal. des articul., 1819.

d'un supplicié atteint d'hydarthrose double, trouva les lésions suivantes : « La capsule synoviale, plus rouge et plus épaisse que dans l'état normal, présentait de toutes parts à sa surface intérieure des pelotons inégaux par leur forme et par leur volume, supportés par des pédicules plus ou moins larges et desquels on exprimait sans peine une liqueur semblable à celle que renfermait la membrane synoviale. Les parties voisines du genou étaient saines.... »

Dans un cas d'hydarthrose double, rapporté par Bonnet, où le malade était bien probablement rhumatisant, puisque d'un côté la maladie datait déjà de quatre ans, et que de l'autre elle apparut spontanément pendant que le malade était en traitement, condamné au lit et à l'immobilité, on trouva que : « la membrane synoviale était opaque, légèrement épaissie et en partie fibreuse ; sa surface interne était rouge et comme hérissée de houppes vasculaires, surtout dans toute la partie qui entoure la rotule et dans celle qui est située au-dessus de cet os. La synoviale qui recouvre les ligament croisés était intacte. Dans les points où la membrane était rouge, on voyait quelques fausses membranes qui semblaient être de formation récente ; mais ces fausses membranes, dans d'autres points, étaient devenues très-adhérentes.

« Le côté droit présentait les mêmes lésions, mais à un degré moins avancé. La membrane synoviale était moins rouge, cependant elle était un peu injectée, épaisse, et contenait environ 100 grammes d'un liquide jaunâtre (1). »

Dans les formes où l'exsudat n'est pas liquide, mais plastique, avec tendance à l'organisation, la lésion est différente. Bonnet rapporte l'exemple (2) d'un homme

(1) Bonnet, Maladies des articulations. Paris, 1845. T. I, p. 494.
(2) Bonnet. T. I, p. 431.

de 42 ans, qui fut pris tout-à-coup, à la suite d'exposition au froid, d'un rhumatisme articulaire aigu, qui se fixa après deux mois de durée dans la hanche gauche. Un catarrhe pulmonaire emporta le malade onze mois après le début des accidents, et l'autopsie démontra dans les articulations les lésions suivantes : « Le ligament capsulaire de la hanche gauche avait dans tous les sens plus d'un centimètre d'épaisseur, tant son diamètre était augmenté par la formation accidentelle de tissus fibreux dans les parties environnantes ; tout l'intérieur de l'articulation était rouge, contenait un peu de sang noir, et offrait des fausses membranes en partie vasculaires, en partie fibreuses, qui unissaient le fémur à la cavité cotyloïde ; les cartilages étaient complètement absorbés et il y avait ulcération de la partie supérieure de la tète du fémur, ainsi que du fond et de la partie supérieure de la cavité cotyloïde. Du reste, les os qui avoisinaient les parties ulcérées étaient augmentés de volume.

« On retrouvait, comme on le voit, dans la hanche, tous les caractères de l'inflammation chronique pseudo-membraneuse. »

Nous pourrions multiplier ces examens anatomiques que l'on trouve cités dans le traité de Bonnet et dans quelques observations de Brodie. Nous voulons maintenant, avant d'aborder les lésions de la synoviale dans l'arthrite sèche, rapporter une autopsie récente dont je dois la communication à mon excellent collègue et ami Duret, aide d'anatomie de la Faculté.

Les détails histologiques dans lesquels M. Duret est entré sont précieux à cause de la rareté des autopsies, et parce qu'ils peuvent expliquer la pathogénie des altérations consécutives, raideur articulaire, ankylose, etc.

M. Duret, assimilant l'inflammation des synoviales à celle de la plèvre, intitule son observation *synovite fibrineuse* et semble vouloir établir avec ce fait une classe à côté du rhumatisme. Et cependant les lésions qu'il décrit ont la plus grande analogie avec certaines formes du rhumatisme. Nous rapportons ici cette observation résumée.

Il s'agit d'un homme de 49 ans, ne présentant pas d'antécédents scrofuleux ni syphilitiques, atteint neuf ans auparavant d'une hydarthrose à droite, dont il fut guéri par Velpeau. Depuis un an, le genou gauche est malade, avec exacerbation un peu plus rapide depuis trois mois.

Le genou est très-tuméfié, très-notablement déformé; les creux prérotuliens sont effacés et les culs-de-sac synoviaux paraissent distendus. Il n'existe pas de fluctuation réelle, mais on éprouve une sensation de rénitence, d'élasticité, au niveau des culs-de-sac de la synoviale; la rotule, quoique mobile latéralement, ne peut être rapprochée des condyles. La peau est distendue, mais sans rougeur, et n'est pas adhérente aux parties profondes. Les têtes osseuses ne paraissent pas avoir varié de volume; il n'existe pas de mouvement de latéralité entre les deux os du genou.

M. Duplay diagnostique une hydarthrose dans une articulation dont la synoviale est très-épaissie et dans laquelle se sont développées des fongosités.

A la suite d'applications de pointes de feu sur le genou malade, le malade fut pris d'une lymphangite phlegmoneuse et succomba.

Examen du genou gauche. — L'articulation étant ouverte, il s'écoule à flots de sa cavité un liquide citrin, avec de gros caillots fibrineux, citrins, translucides. Elle est remplie et distendue par ces masses fibrineuses dont les unes flottent librement dans le liquide intra-articulaire et dont les autres sont adhérentes aux parois. Après avoir fait passer un filet d'eau dans la cavité articulaire, on constate qu'une couche fibrineuse, épaisse, irrégulière, tomenteuse, reste adhérente à la capsule articulaire; celle-ci est elle-même très-épaisse et semble infiltrée d'une matière coagulable. Les ligaments croisés sont aussi revêtus de la couche fibrineuse. Les cartilages sont recouverts par une fausse membrane fibrineuse. On ne saurait mieux comparer l'aspect de cette articulation qu'à celui de la cavité pleurale lorsqu'elle est le siége d'une inflammation séro-fibrineuse récente.

Examen histologique. — Les fausses membranes flottantes et les caillots translucides ont été traités par l'acide acétique, qui les a complètement dissous ; ils sont donc d'une composition exclusivement fibrineuse.

Sur des sections transversales de la capsule articulaire, on reconnaît trois zones distinctes : 1° la zone interne est exclusivement fibrineuse ; du côté de la cavité articulaire elle est sans limites et présente des franges fibrineuses irrégulières ; 2° la zone moyenne est la capsule fibreuse de l'articulation ; elle est infiltrée de fibrine et les espaces conjonctifs sont le siége d'une prolifération embryonnaire ; 3° la troisième zone est le tissu conjonctif cellulo-adipeux péri-articulaire ; il paraît aussi avoir subi l'irritation, et çà et là il y existe un peu d'exsudat séro-fibrineux.

Sur les limites de la zone interne et de la zone moyenne, au point où devrait exister la couche épithéliale de la synoviale, on observe une couche d'irritation embryonnaire qui, par sa surface articulaire, offre comme de petits bourgeons charnus, de petites végétations embryonnaires en miniature. A une certaine distance, dans l'épaisseur même de la couche fibrineuse, on trouve des traînées et de petits foyers de prolifération. Il est facile de reconnaître à cet aspect des végétations embryonnaires en voie de formation. Sous l'exsudat fibrineux, le tissu conjonctif a proliféré dans la capsule articulaire, comme dans une plèvre atteinte d'inflammation fibrineuse.

Le cartilage articulaire est revêtu d'une couche fibrineuse peu adhérente, il présente une striation verticale, très-fine, qui diffère complètement de l'altération velvétique. En effet, on n'y observe pas de multiplication des capsules cartilagineuses bien accusée ; celles-ci sont troublées, et une partie de la substance fondamentale paraît en voie de désintégration ; elle s'est nécrosée par petits foyers et est tombée dans la cavité articulaire. Le tissu osseux est parfaitement normal ; il est impossible de trouver la moindre altération dans les ostéoplastes.

De cette observation M. Duret tire cette conclusion : « qu'il existe une inflammation des synoviales articulaires tout à fait semblable à la pleurésie où à la péritonite fibrineuse, c'est-à-dire caractérisée par un épanchement séro-fibrineux, par la production de flocons fibrineux, par le revêtement fibrineux des parois séreuses et par la formation, sous la fibrine, de bourgeons embryonnaires susceptibles de s'organiser en tissu fibreux ou de devenir des végétations, des fongosités. »

Nous ne sommes pas en mesure de contrôler ces conclusions ; nous ne pouvons que reconnaître qu'elles sont en rapport avec les données générales de la pathologie des séreuses, et que ces faits peuvent nous expliquer la pathogénie des altérations consécutives à cette inflammation (adhérences, etc.).

Ces diverses formes (arthrite congestive simple, arthrite congestive avec épanchement, synovite fibrineuse avec prolifération intra et périarticulaire) peuvent s'arrêter à ce point de leur évolution. Les lésions des tissus périarticulaires sont en général peu prononcées ou ne sont que secondaires ; mais quelquefois à la suite de ces altérations ou en coïncidence avec elles, à la suite ou pendant le cours du rhumatisme articulaire aigu, la périarthrite sèche, véritable rhumatisme *aponévrotique*, *lamineux, tendineux*, devient prédominante au point qu'elle subsiste seule ou semble persister seule en donnant lieu à des rétractions fibreuses graves, avec déviations articulaires, pseudo-ankyloses, luxations et subluxations. M. Jaccoud, en France (1), a le premier décrit cette forme. Dans ce cas, au lieu des altérations ostéo-articulaires constantes dans le rhumatisme articulaire chronique, il n'existe que des brides fibreuses résultant de l'épaississement et de la rétraction des tissus aponévrotiques et cellulo-fibreux.

« Ce fait démontre que le rhumatisme, devenu chronique, peut porter principalement sur les tissus cellulo-fibreux et il justifie l'admission d'une forme nouvelle, dans laquelle les déterminations articulaires étant passagères et curables, les lésions cellulo-fibreuses persistantes conduisent à des déviations permanentes et à l'impotence. Par opposition au rhumatisme chronique noueux, je vous propose de désigner cette forme particulière sous le nom de rhumatisme chronique fibreux, qui en rappelle la caractéristique anatomique » (Jaccoud).

(1) Jaccoud. Cliniques de la Charité, 1869 leçon 23e.

Ces lésions rhumatismales des tissus fibreux avaient été déjà signalées par Froriep dans le rhumatisme aigu (1), sous le nom d'*Indurations rhumatismales;* il désignait ainsi des nodosités plus ou moins volumineuses, plus ou moins denses qui, dans le cours du rhumatisme, se développent dans les tissus fibreux proprement dits, dans les tissus sous-cutanés, dans le derme, le périoste, exceptionnellement dans les muscles.

Froriep attribuait ces indurations à une exsudation plastique susceptible d'organisation; cette exsudation plastique, nous en trouvons la preuve dans l'observation de M. Duret, où l'examen histologique révèle la présence d'éléments embryonnaires dans la capsule et jusqu'à sa face externe.

Nous ne savons pas au juste pour ces cas quelles sont les lésions de la synoviale; mais on peut les préjuger. Dans cette forme de rhumatisme chronique fibreux succédant au rhumatisme articulaire aigu, la synoviale présente sans doute le même degré d'injection, de développement de ses franges vasculaires que dans le rhumatisme subaigu; mais c'est un point sur lequel nous ne sommes que peu renseignés.

Rhumatisme chronique osseux.—Arthrite sèche.—Nous connaissons bien mieux les altérations synoviales dans les formes *profondes* des arthropathies rhumatismales. Au début, vascularisation extrême de la synoviale, avec hypertrophie des franges et des villosités qui bourgeonnent et donnent naissance à des villosités secondaires.

Le tissu adipeux des franges disparaît et est remplacé par des cellules embryonnaires qui donnent naissance à des végétations arborescentes. Une partie des cellules embryonnaires contenues dans les bourgeons forme du tissu

(1) Froriep. Die rheumatische Schwiele, Weimar, 1843.

cartilagineux et les cellules périphériques de ces bourgeons produisent une couche continue de tissu fibreux. Les nodules de cartilage qui se forment ainsi peuvent être petits et en nombre considérable : les uns, situés à la base des franges synoviales, constituent par leur réunion des plaques épaisses qui gagnent plus ou moins sur le reste de la synoviale ; les autres, situés dans les villosités des franges, sont reliés à la synoviale par un pédicule de longueur et d'épaisseur variables (Ranvier). Ces nodules de cartilage peuvent subir l'infiltration calcaire ou même une ossification vraie.

Ce sont ces productions, nées de la synoviale et suspendues aux franges cartilagineuses, calcifiées ou ossifiées qui peuvent se détacher et former des corps étrangers intra-articulaires. Les ligaments inter-articulaires, siége d'une hypertrophie considérable, revêtent aussi les caractères du tissu cartilagineux.

Les ligaments périphériques, les capsules fibreuses se détruisent ou subissent par place la transformation cartilagineuse et osseuse. (Broca.)

Nous devions, dans cette étude comparée des arthropathies scrofuleuses et rhumatismales, mettre en regard les unes des autres les diverses lésions qui appartiennent plus spécialement à la scrofule et au rhumatisme. Nous avons résumé d'une manière aussi concise que possible les altérations anatomiques, n'ayant pas à écrire ici l'histoire entière des arthrites scrofuleuses et rhumatismales. Après cette énumération des lésions élémentaires, nous pouvons nous demander si en elles-mêmes elles ont quelque chose de caractéristique.

Sans doute, dans les cas types, l'arthrite fongueuse scrofuleuse se sépare nettement de l'arthrite rhumatismale.

Dans l'une, le cartilage se détruit et devient gras ; dans l'autre, il prolifère.

Dans l'une, le tissu osseux, soit primitivement, soit secondairement, est envahi par une forme d'ostéite destructive ; dans l'autre, il est le siége d'une ostéite condensante et hypertrophiante.

Dans l'une, la synoviale prolifère, mais son produit est frappé de mort; il ne s'élève qu'à l'état de fongosité purulente; dans l'autre, la synoviale donne lieu à des produits vivaces, cartilagineux et même osseux.

Dans l'une, les capsules fibreuses, les ligaments, les parties molles périphériques, sont résorbées, usées par la fongosité qui, à une époque avancée de son développement, envahit tous les éléments de la jointure; dans l'autre, les capsules, les ligaments s'hypertophient, deviennent cartilagineux, osseux; ou s'ils disparaissent, c'est par destruction mécanique ou par résorption graisseuse due à l'immobilité.

Mais que de formes intermédiaires depuis la synovite fongueuse type jusqu'à l'arthrite déformante classique qu'on a voulu trop ériger en type du rhumatisme chronique ! Que de difficultés pour différencier la synovite du scrofuleux, qui ne suppure pas et qui se termine par ankylose fibreuse, de l'arthrite chronique du rhumatisant dont la synoviale épaissie et résistante ne laisse pas deviner ses produits !

Mais la comparaison ne doit porter que sur des types et non sur des exceptions, et si quelques points peuvent rapprocher entre elles les arthropathies que nous comparons, nous devons chercher surtout les caractères qui les éloignent, et nous pouvons, après l'étude à laquelle nous nous sommes livré, les résumer ainsi :

L'altération simultanée des diverses parties de la jointure et l'extension que ces lésions peuvent acquérir, *sans se compliquer de suppuration*, constituent le *caractère anatomique* des arthropathies rhumatismales (Charcot).

L'extension des lésions avec *tendance à la suppuration* constitue le *caractère anatomique* des arthropathies scrofuleuses.

IV.

COMPARAISON DES SIGNES DES ARTHROPATHIES SCROFULEUSES ET RHUMATISMALES.

Nous n'avons nullement l'intention d'écrire ici l'histoire symptomatique des tumeurs blanches ou des diverses variétés de rhumatisme ; nous ne ferons pas pour la symptomatologie un travail différent de celui que nous avons cru devoir entreprendre pour l'anatomie pathologique. Il est bien évident qu'on ne peut mettre en parallèle que des choses comparables, et qu'il n'y a aucune comparaison à établir entre certaines formes d'arthrite rhumatismale, le rhumatisme polyarticulaire, par exemple, avec l'arthropathie scrofuleuse. Aussi, tout d'abord, devons-nous encore ici nous poser cette question, que nous avons déjà du reste résolue en traitant de l'anatomie pathologique : Qu'est-ce que l'arthropathie scroculeuse ? Qu'est-ce que l'arthropathie rhumatismale ?

Pour nous, il n'y a qu'une forme d'arthropathie scrofuleuse, c'est la tumeur blanche, essentiellement caractérisée par la fongosité, que celle-ci soit née primitivement de la synoviale ou des os. Nous repoussons donc absolument la dénomination de tumeur blanche rhumatismale, parce qu'elle peut faire naître une confusion fâcheuse ; et, si nous osions proposer un nom qui rendît mieux notre pensée pour spécifier ces cas de rhumatisme localisé qui mènent à l'arthrite fongueuse, nous leur donnerions volontiers le nom de tumeur blanche *rhumato-scrofuleuse*, indiquant à la fois leur origine rhumatismale et leur transformation fongueuse.

Nous nous rangeons donc complètement à ce point de vue aux sages avis des auteurs du Compendium, qui voudraient voir modifier ce nom de tumeur blanche qu'on a appliqué indifféremment à toutes sortes d'arthrites chroniques (1).

Que si nous cherchons maintenant à déterminer quelles sont les formes *chirurgicales* des arthropathies rhumatismales, nous sommes amené à faire les mêmes distinctions qu'au point de vue anatomique, et à reconnaître que certaines formes ont été généralement trop effacées dans les descriptions, pour disparaître devant des types plus accentués, et que la notion histologique, la même pour toutes les variétés, avec des degrés variables suivant la marche et la période des lésions, ne suffit pas à l'étude clinique. C'est ainsi qu'on peut reconnaître dans le rhumatisme chronique articulaire, « trois formes principales, établies sur l'élément anatomique *particulièrement* lésé, ou sur les altérations prédominantes, non pas qu'aucun élément soit *exclusivement* atteint, ou qu'aucune altération soit *spécifique*, mais parce que les prédominances indiquées coïncident dans l'affection avec une forme particulière, une évolution spéciale, une terminaison propre, et correspondent à des indications thérapeutiques distinctes (2). » (Besnier.)

M. Besnier reconnaît *trois formes anatomiques* principales :

Le rhumatisme chronique simple ;
Le rhumatisme chronique fibreux ;
Le rhumatisme chronique osseux.

Le troisième se compose lui-même de trois formes secondaires, présentant des lésions assez différentes pour

(1) Compendium, de chirurgie, t. II, p. 437.
(2) Loc. cit., p. 674.

nécessiter des dénominations particulières : *le rhumatisme osseux multi-articulaire, le rhumatisme osseux partiel, le rhumatisme des petites phalanges.*

Nous avons donné plus haut une classification dans laquelle nous avons cherché à établir le rapport entre la lésion anatomique et la forme symptomatique ; nous ne pouvons qu'y renvoyer le lecteur.

Quelle que soit l'origine d'une arthropathie, le clinicien peut observer à l'examen d'une jointure malade un certain nombre de signes constants dont la valeur ne saurait être contestée au point de vue du diagnostic anatomique du siége du mal, mais dont le groupement, le mode d'apparition, les variétés en un mot peuvent avoir quelque chose de plus caractéristique au point de vue des formes de l'arthropathie.

Toute jointure malade a tendance à s'immobiliser dans une attitude imposée le plus souvent par la contracture réflexe des muscles périarticulaires ; le plus souvent, cette attitude ne saurait être modifiée soit spontanément, soit par un mouvement provoqué, sans déterminer une certaine douleur.

La douleur elle-même peut être spontanée, s'exagérer par les variations de température ; elle peut être modifiée par certaines positions différentes de celle qui a été prise instinctivement par l'articulation.

Il résulte à la fois, et de cette attitude, et de cette douleur imprimée par le mouvement, une gêne fonctionnelle en rapport avec l'un et l'autre de ces éléments et l'importance de la jointure affectée.

En même temps, l'œil peut constater dans l'aspect et les rapports de la région des modifications, soit uniformément répandues, soit plus spécialement localisées.

La main qui explore peut constater qu'à ces modifications indiquées par la vue correspondent des changements tangibles dans l'économie des parties : elle peut sentir que la cavité articulaire est pleine, que les surfaces osseuses ont changé de volume et de figure, que leurs rapports ont été modifiés, que les mouvements sont devenus impossibles ou limités, ou qu'ils s'exécutent dans une direction et une étendue anormales, que le jeu de l'articulation s'accompagne de bruits spéciaux, etc. L'examen indique aussi qu'à des périodes différentes de l'évolution morbide correspondent des signes locaux différents, et que, dans bon nombre de cas, à la lésion locale répond une disposition générale de l'économie tout entière, qui imprime à l'affection son caractère et qui est grandement susceptible d'influencer sa marche et ses terminaisons.

Eh bien ! ces signes généraux des arthropathies dont nous avons tâché de donner l'idée la plus large, les retrouverons-nous avec des caractères particuliers dans les affections articulaires que nous avons à mettre en parallèle ? Pourrons-nous, étant donné un signe ou tel groupe de signes, mettre une étiquette étiologique sur la lésion ? Pourrons-nous des signes remonter aux lésions et des lésions à la cause, puisque nous avons cru pouvoir établir les différences anatomo-pathologiques qui séparent nos deux variétés d'arthrites ? C'est ce travail que nous allons maintenant tenter, et nous devons avouer que nous ne l'abordons qu'avec crainte, tant sont grandes les difficultés et les délicatesses d'une pareille analyse.

Nous étudierons donc successivement : l'attitude de l'articulation, la douleur spontanée ou provoquée, l'état de l'articulation et des tissus périarticulaires à la vue et au toucher, les troubles fonctionnels, l'état général, dans les arthropathies scrofuleuses et rhumatismales.

Les considérations dans lesquelles nous allons entrer s'appliquent surtout à la période de la maladie confirmée ; nous signalerons, chemin faisant, les particularités qui peuvent marquer le début, et nous consacrerons un chapitre spécial *aux terminaisons* des arthrites et à la physiologie pathologique de la guérison ou de la destruction complète de la jointure envahie.

Attitude. — Plusieurs conditions importantes dominent l'attitude prise par une articulation malade : 1° la douleur dont elle est le siége ; 2° la distension de la capsule par des produits nouveaux ; 3° plus tard, les déformations osseuses et les destructions ligamenteuses ; 4° les rétractions périphériques et les soudures osseuses (pseudo-ankylose et ankylose vraie).

Au début des affections articulaires, le membre se place dans l'attitude *qui soulage*, que cette attitude augmente la capacité de la synoviale, qu'elle relâche l'ensemble de l'appareil ligamenteux ou seulement le ligament enflammé.

Plus tard surviennent des contractions douloureuses qui dévient les membres et les portent dans des attitudes anormales.

Enfin le relâchement des ligaments permet des déplacements considérables, des subluxations, des luxations, soit sous l'influence de la pesanteur, soit sous l'influence de contractions réflexes qui ont pour origine les douleurs dues à l'inflammation.

Puis, à une période terminale, la rétraction du tissus fibreux produit et maintient certaines attitudes vicieuses.

Dans certaines formes d'arthropathies que nous aurons soin de spécifier, d'un bout à l'autre de l'affection l'attitude de la jointure peut rester tout à fait normale.

Nous ne nous occuperons, dans ce chapitre, de l'attitude prise par les jointures dans les arthropathies scrofuleuses et rhumatismales, que dans les deux premières périodes de la maladie, le début et la maladie confirmée, l'histoire des déformations ultimes liées aux luxations et aux rétractions fibreuses nous paraissant surtout appartenir à l'étude des diverses terminaisons des arthropathies.

Une condition importante pour que l'attitude vicieuse se produise, c'est l'existence de l'inflammation de la synoviale, de la synovite. Dans les tumeurs blanches où la lésion débute par de l'ostéite, les membres ne se placent dans une attitude vicieuse que lorsque l'ostéite a enflammé par propagation la synoviale.

Au début, rien de caractéristique : que ce soit une synovite simple, une synovite rhumatismale subaiguë ou une synovite qui doit nécessairement produire des fongosités, l'attitude sera la même. Instinctivement le membre se place dans une position qui correspond au maximum de capacité de la synoviale, diminue la tension des parties enflammées et relâche les ligaments. La position s'exagère dès qu'il se fait dans la jointure un épanchement, même peu abondant.

Au genou, l'articulation se place dans un léger degré de flexion ; dans la coxalgie, le membre se met en attitude de flexion et d'abduction ; dans l'arthrite du coude, l'avant-bras demeure fléchi et donne un angle un peu plus ouvert que l'angle droit ; l'arthrite du poignet retient la main dans une position intermédiaire à la flexion et à l'extension ; celle du cou de pied fixe le pied dans la flexion à angle droit ; celle de l'épaule colle le bras au tronc dans l'adduction.

Dans tous les cas, la cause est la même : la contraction volontaire lutte sans cesse pour maintenir le membre dans l'attitude choisie ; bientôt, à cette contraction volontaire succèdent une contracture réflexe persistante sous l'influence de la douleur, puis enfin, à une période que nous verrons plus tard, *des rétractions* musculaires avec modifications de la structure du muscle.

L'attitude vicieuse du début peut persister la nuit, pendant le sommeil et dans quelques cas la contraction musculaire en éveil, *la vigilance des muscles* (Verneuil) se traduit à l'œil par des soubresauts, par des secousses ou par une série de petits déplacements qui exagèrent la position vicieuse.

Dans les cas où l'articulation est distendue par une quantité notable de liquide, où il y a véritable hydarthrose, d'après Bonnet, la jointure devrait toujours prendre une situation en rapport avec le maximum de capacité de la synoviale. Or, il n'en est rien dans les cas ordinaires : ou l'épanchement est médiocre et coïncide avec une synovite douloureuse et le membre prend une attitude vicieuse; ou l'épanchement est indolent et, même s'il est abondant, le membre peut conserver sa position normale.

C'est donc la douleur qui paraît être la condition *sine qua non*, à cette période du début des arthropathies, des attitudes vicieuses affectées par les articulations ; l'attitude est pour ainsi dire le corollaire de la douleur, et c'est celle-ci que nous devons spécialement étudier dans chaque arthropathie en particulier. L'analyse de l'attitude seule ne pourrait nous mener à aucun résultat. Nous mentionnons cependant quelques faits qui, joints à d'autres signes, peuvent avoir une certaine valeur.

MM. Martin et Collineau ont considéré *l'adduction* du membre inférieur comme un symptôme d'une forme de coxalgie, la coxalgie osseuse. M. Ollier en fait un signe de l'ostéite de la tête et de l'os coxal. On peut dire que cette attitude n'existe ordinairement que dans la période moyenne et extrême de la coxalgie. Elle indique ordinairement des lésions graves de l'articulation et en général des lésions osseuses.

Dans les arthrites rhumatismales chroniques de la hanche ou dans l'arthrite sèche, il existe souvent des déviations dues à des contractures (1) ; souvent la cuisse est dans la flexion et l'abduction ; les deux articulations sont ordinairement symétriquement atteintes ; l'âge du malade, l'existence de la diathèse rhumatismale, les déformations locales de l'articulation, les phénomènes concomitants servent plutôt au diagnostic que l'attitude.

L'hydarthrose de l'articulation coxo-fémorale produit l'abduction, la flexion et la claudication (Masse).

L'attitude seule ne peut pas servir au diagnostic de l'hydarthrose (Masse).

A l'épaule, l'attitude peut aussi donner quelques renseignements sur la nature de l'arthropathie : dans la scapulalgie, c'est-à-dire dans l'arthrite fongueuse, la position la plus commune est la suivante (2) : « Le bras est dans l'*abduction*, le coude est porté en dehors et en avant, l'avant-bras fléchi sur le bras et soutenu ordinairement par le membre du côté opposé. » Peut-être au début, quand il y a épanchement intra-articulaire, le membre se met-il dans l'abduction par suite de la distension de la capsule, comme l'ont démontré les expériences de Bonnet ; mais plus tard cette cause ne saurait être invoquée, et l'attitude est due sans doute à la contracture réflexe des muscles deltoïde et sus-épineux. Enfin, à la période des altérations osseuses, les muscles de l'épaule atrophiés ne peuvent plus lutter contre leurs antagonistes et le bras se colle au tronc, attiré en dedans par les adduc-

(1) Masse. Effets des attitudes dans les arthropathies. Montpellier médical, 1877, p. 336.

(2) Duplay. Traité de pathologie ext.

teurs (grand pectoral, grand dorsal et grand rond.). Une dernière attitude peut aussi être observée : « le membre est attiré tout entier vers le haut par la contraction du trapèze ; la clavicule est très-oblique de bas en haut et de dedans en dehors, et le bras pend, par son propre poids, appliqué contre le thorax. » (Duplay.)

Dans l'arthrite rhumatismale chronique, le malade tient son bras pendant en un léger degré *d'adduction;* le bras fléchi est porté sur la poitrine. L'abduction ne se produit pas dans ce genre d'arthrite (Péan) (1) ; il n'y a ni contracture des muscles, ni abaissement de l'épaule et de l'aisselle. M. Péan utilise ce fait pour le diagnostic différentiel.

Dans l'hydarthrose chronique, le bras n'est pas porté dans l'abduction ; il n'y a pas de contractures musculaires.

Au genou, nous n'avons rien de particulier à signaler ; l'attitude est, pour ainsi dire, la même dans toutes les formes d'arthropathies : souvent au début des tumeurs blanches la jambe forme avec la cuisse un angle de 120° à 130° (Duplay). Les muscles péri-articulaires sont fortement contracturés et le malade est couché incomplètement sur le côté lésé. Plus tard la flexion va s'exagérant de plus en plus.

Dans l'hydarthrose, quand l'épanchement n'est pas très-considérable, c'est aussi sous le même angle que se placent d'abord la cuisse et la jambe.

Nous parlerons plus tard des attitudes vicieuses, produites par les ankyloses et les luxations.

En résumé, dans les arthropathies scrofuleuses et rhumatismales, l'attitude n'a rien de caractéristique au

(1) Péan. Th. de Paris, 1860.

début; elle est presque uniquement commandée par la douleur de la synovite primitive.

Dans les formes de rhumatisme chronique simple peu douloureux et dans l'arthrite déformante, toujours indolente, l'attitude est tout à fait normale.

b. *Douleur.* — La douleur semble être un des éléments obligés de la plupart des manifestations rhumatismales. Elle est excessive dans les périodes aiguës du rhumatisme articulaire, elle est encore vive dans ses formes subaiguës ; elle peut exister dans ses formes chroniques. Enfin, elle peut faire complètement défaut dans une variété particulière d'arthropathie rhumatismale et son absence acquiert une haute valeur diagnostique. Nous chercherons à déterminer ses caractères, dans les arthrites rhumatismales chroniques.

Dans les formes de rhumatisme que nous avons spécialement en vue, arthropathie rhumatismale simple, congestive, avec ou sans exsudat, liquide ou solide, en général dès le début la douleur est vive : elle est spontanée et exagérée par la pression, par les mouvements. Cette douleur vive, avec flexion du membre, se voit bien plus souvent dans l'arthrite simple ou blennorrhagique que dans l'arthrite fongueuse (Gosselin) (1). Il en est de même du gonflement douloureux qui s'observe plus fréquemment dans l'arthrite rhumatismale que dans l'arthrite scrofuleuse.

Cette douleur peut être excessivement vive : M. Denucé (2) en a cité deux exemples frappants. « J'ai très-présentes à la mémoire, dit-il, deux arthrites du coude à la suite de rhumatisme mono-articulaire survenu sur

(1) Gosselin. Union médicale, nov. 1877.

(2) Article Coude. du nouveau. Dict. méd. et chirurgie pratiques, tome IX.

deux femmes, toutes les deux d'un tempérament lymphatique. Dans ces deux cas, la souffrance a été telle que l'une des malades est restée quatre semaines sur le canapé, où elle avait cru un moment trouver une position meilleure, et que la seconde est restée six semaines sur le même lit, couchée en travers, les pieds sur un fauteuil, dans une position impossible, sans oser bouger et sans permettre qu'on essayât de soulever son lit et de glisser un oreiller sous sa tête.»

Dans les formes chroniques proprement dites des arthropathies rhumatismales, la douleur est remarquable par son irrégularité. « Certains malades éprouvent en effet des douleurs assez vives, d'autres les ressentent à peine. En général, elles sont sourdes, profondes, continues, et ne prennent que de temps à autre une grande intensité. Un malade peut passer plusieurs jours sans souffrir, puis tout à coup les douleurs reparaissent, tantôt à l'occasion d'un effort, d'un mouvement, d'un refroidissement, etc. Chez quelques-uns, le froid les aggrave ; chez d'autres, la chaleur. Aux premiers l'hiver est nuisible ; aux seconds c'est l'été. L'exercice modéré est en général ce qui apaise et ce qui convient le mieux. Dans la plupart des grandes articulations il y a un point fixe où la douleur se fait plus vivement sentir et la pression exercée sur ce point exaspère les souffrances. Il nous a paru que ce point, sorte de lieu électif de la douleur, correspond aux nerfs qui passent sur l'articulation, et la raison probable du phénomène est la transmission de l'inflammation, qui se communique de proche en proche de la séreuse phlogosée aux tissus, et spécialement aux nerfs voisins, ainsi que cela a lieu pour les nerfs intercostaux dans les cas de pleurésie. Dans l'inflammation chronique du genou, les douleurs les plus fortes se font en effet sentir au lieu où passe le nerf saphène interne dans l'arthrite coxo-fémorale, elles répondent au niveau du nerf crural en avant, du nerf sciatique en arrière. Dans la plupart des arthrites chroniques, de même que dans les arthrites aiguës, les douleurs ont d'ailleurs pour caractère assez constant de se répandre et de s'irradier loin de l'articulation malade, suivant le trajet des ramifications du nerf dont le tronc est accolé à l'articulation malade (1). »

Cette douleur peut subir très-manifestement une exacerbation nocturne. Je connais un jeune officier qui, pendant la guerre de 1870-71, coucha fréquemment par terre et à la fin de la campagne fut pris d'un rhumatisme articulaire aigu, avec localisation sur la hanche gauche. Aujourd'hui il présente tous les signes d'une arthrite chronique plastique de la hanche, avec apparence de coxalgie, et avec ce caractère particulier, que les douleurs assez peu vives pendant le jour et pendant la marche s'exaspèrent tellement pendant la nuit, depuis environ une heure après minuit jusqu'au jour, qu'elles empêchent souvent le sommeil.

D'après Bonnet, les malades éprouvent en général un froid glacial autour des articulations souffrantes, et ils ont beau les entourer de flanelle ou de coton, ils ne peuvent parvenir à les réchauffer. La transpiration s'établit aussi plus difficilement au voisinage des articulations rhumatisées qu'autour des articulations saines.

D'une manière générale, dans l'arthrite sèche, au contraire, la douleur est faible ou nulle ; lorsque la maladie est confirmée cette douleur n'est jamais continue. Elle semble obéir aux variations de la température, ou bien elle se fait sentir seulement le matin, et disparaît après quelques mouvements. Quelquefois elle suit le trajet

(1) Compendium de chirurgie, t. II, p. 440.

d'un nerf ou d'un muscle, mais en général elle siége sur toute l'étendue de l'articulation.

Caractère important : elle n'est jamais provoquée ; la pression sur la jointure malade, les mouvements ne peuvent la produire. La marche, même longtemps prolongée, fait éprouver au malade un sentiment de fatigue, de pesanteur, mais non de la douleur (1). (Paugam.)

Il résulte de cette indolence, particulière à cette variété d'arthrite, que jamais elle ne s'accompagne de contracture musculaire.

Il se peut pourtant que, sous l'influence d'un traumatisme, il se fasse une poussée aiguë ou plutôt subaiguë dans une articulation ainsi envahie, ou que, par suite de fatigues excessives de la jointure, il se déclare un certain degré d'arthrite avec épanchement, et, dans ce cas, il peut y avoir une légère douleur, surtout dans les mouvements.

Nous avons eu l'occasion d'observer un cas d'arthrite sèche du genou, sans déformations ostéophytiques, dans lequel une marche forcée avait déterminé un peu d'arthrite avec épanchement : tous les mouvements pouvaient s'exécuter sans douleur, sauf les mouvements de rotation de la jambe sur son axe.

La douleur, dans les arthropathies scrofuleuses, ne présente guère de caractères spéciaux ; elle peut être très-violente dès le début, et persister ainsi jusqu'à une époque avancée de la maladie ; c'est ce qui arrive dans la tumeur blanche qui succède à une arthrite aiguë ; mais il ne s'agit pas là encore d'une tumeur blanche proprement dite.

Dans les cas chroniques dès le début, la maladie parcourt toutes ses périodes sans trop de douleurs, sauf des

(1) Paugam. De l'arthrite sèche. Th. Paris, 1873.

exacerbations inflammatoires passagères occasionnées par une marche prolongée ou un mouvement exagéré.

« Quel que soit le degré d'intensité de la douleur, celle-ci peut être continue, intermittente ou mieux rémittente. Les exacerbations surviennent assez régulièrement vers le soir, ou même dans la nuit, sans qu'on doive attribuer le moins du monde à une cause syphilitique cette recrudescence naturelle. Il y a en outre des exacerbations diurnes, tenant le plus souvent à une cause fortuite, telle que l'impression du froid ou du chaud, un mouvement inconsidéré, un faux pas, l'usage prolongé ou souvent répété de l'articulation malade. Quelquefois, la douleur peut être tellement vive, qu'elle arrache des cris aux malades, les prive de tout sommeil et leur fait prendre les attitudes les plus incommodes pour le repos du corps (Panas) (1). »

Comme on le voit d'après ce tableau, rien de particulier dans ce genre de douleurs, qui peuvent avoir les mêmes caractères que dans les arthrites que nous avons déjà étudiées. Retenons cependant ce fait général, que le plus ordinairement, dans la synovite fongueuse, elles sont peu intenses et non continues (2).

D'autres caractères plus spéciaux leur appartiennent ; elles sont en général réveillées par la pression des extrémités articulaires, soit que l'on presse les surfaces osseuses l'une contre l'autre, soit que l'on applique la main sur leur pourtour. Ce signe a une importance capitale quand il s'agit de déterminer s'il y a coexistence d'une lésion osseuse ; il appartient essentiellement à l'ostéite fongueuse, cause ou conséquence de l'arthropathie scrofuleuse.

Pour Martin et Collineau, la violence des douleurs dès

(1) Panas, Nouveau Diction. méd. et chir, prat., t. III, p. 419. Art. Articulations.

(2) Compendium de chirurgie, t. II, p. 462.

le début de l'inflammation articulaire, s'accompagnant d'une attitude vicieuse du membre, serait un signe précieux du début capsulaire de la coxalgie. Quoi qu'il en soit, en général dans l'arthrite scrofuleuse de la hanche la douleur se fait principalement sentir en deux points : à la partie interne de la cuisse et à la partie externe et postérieure du grand trochanter (1). (Valette.)

Un des points les plus curieux de la douleur dans les arthrites scrofuleuses, c'est son irradiation vers une articulation voisine, ordinairement l'articulation sous-jacente : le plus ordinairement marquée au genou dans la coxalgie, elle a été observée au cou-de-pied dans la tumeur blanche du genou, au coude dans la scapulalgie (2). (Valette.) Quelle que soit l'explication qu'on en donne, elle est sans doute toujours liée à un travail inflammatoire du côté de l'os, et à ce point de vue elle a une importance diagnostique considérable, et permet de rapporter l'arthropathie à une cause plutôt scrofuleuse que rhumatismale.

Dans la synovite granuleuse (Lannelongue), qui jusqu'ici n'a encore été observée cliniquement qu'au genou, la douleur spontanée est peu vive : la douleur provoquée a des lieux d'élection, un point constant sur le bord interne de la rotule, des points irrégulièrement disséminés sur le pourtour de cet os, en un mot, dans les points où la synoviale se réfléchit de cet os sur les parties voisines. (Lannelongue.)

c. *Caractères tirés de l'examen des articulations par la vue, par le toucher.* — Les renseignements, de beaucoup les plus précieux, au point de vue du diagnostic des affections articulaires, peuvent être donnés par l'exploration

(1) Valette, Diction. de méd. et chir. prat. Art. Coxalgie, t. X, p. 19.
(2) Valette (de Lyon). Id

physique de la jointure ; mais nous devons cependant avouer que, dans un certain nombre de cas, ils seraient tout à fait insuffisants pour faire préjuger de la nature d'une arthropathie, si l'état général du sujet et l'étude des antécédents ne venaient apporter un précieux élément dans cette appréciation. A une période où les lésions ne sont pas encore nettement confirmées et où les signes sont communs à des arthrites d'origine diverse, l'examen physique ne peut donner que des présomptions. Et si nous prenons un exemple, ne voyons-nous pas de combien de difficultés s'entoure le diagnostic d'une simple hydarthrose au point de vue de sa nature, de ses causes et de ses terminaisons ?

Nous tâcherons cependant de trouver dans cet examen certains signes appartenant en propre aux arthropathies rhumatismales et scrofuleuses.

Ici, il est plus important que jamais de nous rappeler les formes que nous avons admises dans les arthrites rhumatismales ; elles varient en effet quant à leurs signes dans des limites extrêmes.

Dans le rhumatisme articulaire chronique simple, en dehors d'une poussée aiguë, on ne peut, le plus souvent, rien constater qu'une certaine raideur de l'articulation qui n'est ni déformée, ni placée dans une position vicieuse. Il faut se rappeler seulement que les muscles des membres atteints peuvent présenter et présentent souvent des altérations *atrophiques* qui, en démasquant les saillies osseuses normales, peuvent simuler des déformations proprement dites.

A un degré plus avancé, où la localisation mono-articulaire est plus accentuée, le gonflement est constant, mais rarement considérable, parce qu'il tient à l'hypertrophie et à l'induration des tissus plutôt qu'à l'accumulation de liquides dans la cavité articulaire. Par la même raison, la tumeur ne présente pas cette forme globuleuse, cette consistance molle ou élastique qui appartient à plusieurs autres maladies des jointures ; on sent que les tissus sont plus durs, plus épais, moins extensibles, et souvent, les lésions s'étant propagées jusqu'aux téguments, la peau elle-même est devenue adhérente et ne peut glisser sur les parties sous-jacentes. (Compendium.)

On peut souvent alors constater, par les mouvements des surfaces, des frottements et des craquements considérables perceptibles à la main. Quelquefois, ces phénomènes cessent plus ou moins sous diverses influences, pour reparaître à peu près invariablement à une autre époque.

Dans une forme voisine de la précédente et qui ne s'en éloigne que par une certaine recrudescence dans les phénomènes inflammatoires, l'articulation devient le siége d'un épanchement.

L'exploration révèle alors, par les procédés ordinaires, la présence du liquide ; elle démontre par la sensation nette et précise de la vraie fluctuation que cet épanchement existe seul ; au genou, le choc franc de la rotule contre la face antérieure des condyles ; au coude, le refoulement du liquide de chaque côté du tendon du triceps indique la simplicité de la collection.

Dans les cas extrêmes où l'articulation remplie de liquide est sur-distendue et affecte une position vicieuse (genou dans la flexion), la fluctuation ne peut être senti qu'après le redressement du membre.

La vue fait constater une distension régulière qui dessine la forme connue de la synoviale pour chaque jointure ; on ne voit pas alors ces saillies irrégulières localisées en un ou plusieurs points qui peuvent faire songer à des productions développées par places, comme dans la synovite fongueuse. L'aspect est caractéristique au niveau de chaque région articulaire, et ce serait entrer dans des détails inutiles que de le retracer ici : on en trouve une bonne description dans tous les classiques à l'article *hydarthrose*.

Si le cas est ancien, on peut constater en outre un épaississement de la capsule et de l'appareil ligamenteux. Tout le pourtour de la synoviale est bordé par une zone indurée, plus ou moins irrégulière, due à l'épaississement du tissu sous-synovial, se traduisant au doigt qui explore par un bourrelet en relief. Sur quelques points cet épaississement peut s'exagérer et donner lieu à la formation de masses dures, du volume d'un pois, d'une amande, quelquefois mobiles et pouvant tout à fait donner lieu aux signes physiques des corps étrangers articulaires (Malgaigne, Marjolin).

Enfin, étant donnée la date du début de l'affection, l'exploration permet de constater que plus l'hydarthrose est ancienne, plus les tissus deviennent denses, tandis que le contraire a lieu pour les tumeurs fongueuses des articulations qui, dures d'abord, se ramollissent de plus en plus, à mesure que la maladie suit son cours.

Le plus souvent, dans cette forme d'arthropathie, les os voisins de la jointure sont intacts ; pourtant, ils semblent quelquefois touchés par la maladie. Dans deux cas rapportés par le professeur Gosselin (1), le fémur était notablement hyperostosé dans une étendue assez grande, soit par périostite plastique, soit par ostéite condensante de voisinage. Dans un autre cas (2) l'osteite s'était portée sur la rotule. Nous trouvons le même fait signalé dans d'autres observations (3) : chez une femme de 38 ans qui avait

(1) Gosselin. Clinique, chirurgicale de l'hôpital de la charité, t. I, p. 648.
(2) Id., p. 658.
(3) Aubertin. Arthrite rhumatismale. th. Paris, 1862, p. 12 et 13.

eu un rhumatisme articulaire aigu, un mois avant son entrée à l'hôpital; le genou gauche est notablement plus gros que le droit, les condyles fémoraux présentent *un accroissement de volume* considérable, ce qui augmente le diamètre transverse de cette articulation.

Chez une autre femme de 28 ans, atteinte autrefois de rhumatisme articulaire aigu passé à l'état chronique dans le genou droit, on constate un gonflement du condyle interne du fémur, très-douloureux à la pression, deux mois après le début des accidents.

Ces deux malades présentaient des signes d'une affection organique du cœur.

M. Gosselin a constaté cette hyperostose dans le cas où les arthrites ne prenaient pas le caractère fongueux, quand les sujets n'étaient pas scrofuleux. Pour lui, dans les cas où il peut y avoir doute sur la nature et les tendances d'une arthrite, l'apparition bien constatée de l'ostéite hypertrophiante est un argument en faveur de l'opinion que cette arthrite est plastique plutôt que fongueuse et suppurante (1).

Ces formations périostiques ont-elles surtout tendance à se produire dans le rhumatisme blennorrhagique? M. Besnier le pense, et un fait que nous trouvons dans la *Gazette des hôpitaux* et recueilli dans le service du professeur Richet viendrait à l'appui de cette opinion (2). Chez une malade, le rhumatisme blennorrhagique ou génital qui s'est déclaré peu de temps après l'accouchement présentait comme caractère remarquable d'avoir envahi non-seulement les tissus fibreux, mais *le périoste même et peut-être l'os*. Le fémur jusque vers *la moitié de sa hauteur* paraissait avoir au moins *le double* de son volume normal. »

(1) Id. Loc. cit.
(2) Gaz. hôp., 1867, n° 132, p. 523

Cette tendance plastique n'est sans doute pas particulière au rhumatisme blennorrhagique; elle peut se manifester dans toutes les formes de rhumatisme et surtout dans les formes de rhumatisme *secondaire* auxquelles appartient le rhumatisme de la blennorrhagie (Besnier).

Dans le rhumatisme chronique fibreux, véritable terminaison d'une arthrite rhumatismale aiguë ou subaiguë plutôt que forme primitive, les déformations sont celles qui caractérisent l'arthrite chronique proprement dite : rigidité et épaississement de toutes les parties molles périarticulaires qui semblent collées sur les os ; saillie des têtes osseuses que rend plus manifeste l'atrophie musculaire ; rétraction des tendons qui maintiennent les surfaces dans leur position vicieuse, etc.

Dans les formes peu accentuées de l'arthrite sèche, sans ostéophytes, la déformation n'existe pas. Elle n'appartient qu'aux cas intenses et anciens. Elle est due surtout à l'empâtement périarticulaire , à l'hydarthrose quelquefois, et essentiellement à l'accumulation des couches osseuses de nouvelle formation. Elle se produit lenment, et met souvent plusieurs années avant d'arriver au point où on la voit dans certains cas.

D'abord, ce n'est qu'un gonflement irrégulièrement arrondi, auquel succèdent bientôt des saillies quelquefois très-aiguës, au point que la peau qui les recouvre semble amincie et menace de se rompre. Le palper fournit des renseignements sur la forme, la situation, le volume de ces productions nouvelles, dont les unes, adhérentes aux extrémités osseuses ou aux ligaments, sont immobiles, et dont les autres, pédiculées ou complètement libres, sont mobiles dans l'intérieur de la jointure et constituent de véritables corps étrangers.

La déformation peut être accentuée encore par les transformations osseuses des muscles périarticulaires.

Mais, en général, la déformation se limite à la jointure affectée, et M. Houel a démontré que les productions nouvelles ne dépassent pas les insertions ligamenteuses.

Au milieu de ces désordres, les mouvements restent *libres et indolents*, bornés seulement par les formes nouvelles revêtues par les surfaces osseuses. Ils s'accompagnent des bruits les plus variés, perceptibles à l'oreille, au toucher, quelquefois entendus à distance, doux dans les premiers temps, puis rapeux et durs, avec le caractère de la grosse crépitation et des craquements osseux.

Disons en terminant qu'un caractère général rapproche entre elles toutes ces arthropathies rhumatismales et les éloigne des arthropaties scrofuleuses dont nous allons maintenant étudier l'aspect extérieur, c'est l'intégrité de la peau qui, dans toutes les périodes de la maladie, ne présente aucune tendance ni à l'inflammation ni à l'ulcération.

Au début de l'arthropathie scrofuleuse (synovite fongueuse simple ou granuleuse) rien de caractéristique dans l'aspect de la région : le gonflement, quand il existe, souvent peu marqué, n'est autre que celui d'un léger épanchement siégeant dans la cavité articulaire.

Plus tard, quand les fongosités se produisent, l'inégalité de leur développement peut donner lieu à une déformation partielle avec un empâtement périarticulaire général. On peut distinguer, au genou, une bosselure manifeste à la partie externe, au niveau de la tubérosité externe du tibia, « indice presque certain de l'état fongueux de la synoviale » (Gosselin), à l'épaule un boyau allongé dessinant la coulisse de la longue portion du biceps ; au coude, deux saillies mollasses de chaque côté du tendon du triceps, quelquefois un boursouflement limité au niveau de l'articulation radio-humérale.

A une période plus avancée encore, l'articulation a

changé de forme en même temps que de volume : les saillies osseuses, les dépressions ont disparu ; on ne voit plus qu'une surface arrondie, régulière comme celle d'une boule.

Si l'on palpe ce gonflement, on le trouve mollasse, constitué par un tissu épais, mou, non résistant, se laissant facilement déprimer sous le doigt, donnant souvent la sensation d'une fausse fluctuation.

Des mois, des années même, dans les formes de tumeur blanche des parties molles, peuvent se passer sans changement ; puis tout à coup, au milieu de symptômes généraux, le gonflement augmente, la peau jusqu'alors saine devient tendue et luisante ; puis les choses peuvent en rester là et la maladie reprend ses caractères primitifs.

Mais, le plus souvent, après plusieurs poussées semblables, on constate, soit en dehors des limites de la synoviale, un gonflement nouveau accompagné de douleur et de rougeur, mais bientôt fluctuant, formant abcès (abcès circonvoisin), soit au niveau de l'articulation même, un amincissement de la peau, puis une ouverture qui donne issue au pus. D'autres fois enfin, sans phénomènes de réaction marquée au niveau d'une bosselure sous-cutanée, la peau rougit, s'amincit, se perfore et donne issue à un champignon mollasse, fongueux, saignant, véritable hernie des fongosités articulaires qui ont rompu leurs barrières et viennent s'étaler au dehors.

A cette période, et quelquefois beaucoup plus tôt, les mouvements spontanés ou provoqués de l'articulation déterminent en général une crépitation, indice certain de la dénudation des surfaces articulaires. Des fongosités interposées entre les extrémités osseuses peuvent empêcher la production de ces bruits, et l'on ne saurait conclure de leur absence à l'intégrité des os.

Nous avons assez insisté déjà, à propos de l'attitude et de la douleur, sur les troubles fonctionnels provoqués par les diverses arthropathies pour ne plus avoir besoin d'y revenir : marqués dans les formes douloureuses ou ankylosantes du rhumatisme chronique, peu accentués dans les cas d'arthrite sèche sans grande déformation, peu marqués également dans les premiers temps des synovites fongueuses, ils s'accentuent de plus en plus avec les désordres progressifs dont l'articulation devient le siége, avec les ankyloses vraies ou fausses, avec les luxations et subluxations, en un mot, avec la destruction des surfaces articulaires ou leur immobilisation.

Nous devons maintenant rechercher quelles sont les formes d'arthrites qui conduisent de préférence à telle ou telle de ces terminaisons.

Toutes les fois que l'on se trouve en présence d'une des arthropathies que nous étudions, d'une arthrite en général, on peut toujours se poser la question suivante : Y aura-t-il résolution, ankylose, suppuration ? Se trouve-t-on en présence d'une de ces arthrites qui peuvent guérir en laissant les mouvements de l'articulation se rétablir et en permettant aux tissus de revenir à leur état normal, ou bien a-t-on affaire à une de ces affections articulaires qui ne peuvent guérir qu'avec la perte des fonctions ou qui en même temps s'accompagnent d'une certaine tendance à la suppuration et au développement d'autres maladies graves nées sous l'influence de la même cause générale ?

A ces deux dernières questions, une fois la nature de l'arthrite reconnue, la réponse est facile : l'arthropathie scrofuleuse ne peut rétrocéder qu'à son début et alors que ses lésions ne sont que peu marquées ; plus tard elle ne peut se terminer que de deux façons, ou bien par l'organisation des fongosités qui la constituent essentiellement et qui subiront la transformation fibreuse ou osseuse, ou par la destruction suppurative de ces mêmes fongosités avec bourgeonnement secondaire de la synoviale ou des os menant à l'ankylose incomplète ou complète.

Enfin, l'économie peut ne pas suffire aux frais de cette lente réparation et le sujet succombe aux progrès de sa lésion articulaire ou du fait d'une complication générale.

Dans les arthropathies rhumatismales, tout dépend de la forme : après la résolution des phénomènes inflammatoires ou subinflammatoires, l'articulation peut revenir *ad integrum* dans les formes simples dites congestives, mais dans les formes plastiques, l'inflammation tombe, son produit reste, et c'est de ce produit que vient le danger. Enfin, une forme incurable dès son origine, l'arthrite sèche déformante, termine cette progression en mal.

Mais, chose remarquable, dans cette dernière variété, rarement, très-rarement, il y a ankylose : les surfaces osseuses, éburnées, déformées, continuent à jouer librement. Le processus anatomique est proliférant, il n'est pas plastique ; remarque importante dans le pronostic et le traitement de ces variétés d'arthrite.

Cependant, dans quelques cas, l'arthrite déformante elle-même peut mener à l'ankylose, et M. Charcot cite le cas d'une dame de 60 ans, atteinte depuis vingt-cinq ans de rhumatisme noueux et dont les genoux, devenus en dernière analyse le siége de la maladie, étaient ankylosés à angle droit et présentaient tous les caractères de l'arthrite sèche.

Quoi qu'il en soit, dans ces diverses formes, quelles que soient les terminaisons, le rhumatisme conserve sa physionomie ; il reste inflammation simple, congestive, plastique, proliférante ; il ne manifeste pas de tendance à la suppuration. Dans d'autres cas, au contraire, derrière le rhumatisme est caché le lymphatisme ou la scrofule, et cette diathèse latente va imprimer son cachet à la maladie qu'elle n'a pas fait naître primitivement. Sur une articulation atteinte par le rhumatisme, la scrofule peut reprendre ses droits. Chez les individus affaiblis par l'âge, les excès ou les privations, les maladies antérieures, cet affaiblissement, responsable de la chronicité, peut conduire à une transformation de la maladie primitive, à la métamorphose *fongueuse*. Si l'élément *lymphatisme* n'est pas très-développé, si la persistance du travail morbide est entretenue par l'imprudence du malade et par la mauvaise direction du traitement, les lésions peuvent, pendant plusieurs années, rester limitées aux parties molles de l'articulation ; les fongosités paraissent développées en dehors de la synoviale, et les mouvements imprimés aux surfaces articulaires permettent de constater qu'elles sont demeurées intactes (1),

M. Gueneau de Mussy rapporte que chez un goutteux dont la fille était morte tuberculeuse et présentant lui-même une légère disposition lymphatique, une entorse de l'articulation tibio-tarsienne avait laissé la région tuméfiée et douloureuse plus de deux ans après l'accident. « Cette tuméfaction lui donnait un volume considérable et présentait un caractère fongueux très-accentué qui fut constaté avec moi par deux des chirurgiens les plus distingués de Paris. Nous reconnûmes que les cartilages diarthrodiaux n'étaient pas altérés et que les ligaments distendus avaient conservé leur intégrité. Le malade, habitué à souffrir et bravant la douleur, avait continué à marcher et n'avait suivi aucun traitement régulier. Des

(1) Noel Gueneau de Mussy. Clinique médicale, t. I, p. 263.

applications répetées de teinture d'iode, l'usage interne de l'iodure de potassium, la compression d'après la méthode du Dr Burggraeve et quelques bains alcalins arsenicaux, triomphèrent en six semaines d'une affection qui durait depuis deux ans et demi » (1).

Le même auteur cite l'exemple d'un jeune homme de 25 ans, bien musclé, mais lymphatique et ayant de la goutte dans sa race, atteint de tuméfaction fongueuse des articulations tarsiennes, consécutive à un rhumatisme de ces jointures. « Comme le malade précédent, il avait continué à monter à cheval, malgré la gêne et la douleur que lui causait cette affection. Quand je le vis, il était malade depuis plus d'un an. Il avait été sans succès aux eaux de Lamalou.

Le repos horizontal, l'usage alternatif de l'iodure de potassium et de l'eau de la Bourboule à l'intérieur, et comme moyen topique, le fer rouge et la compression, puis l'ignipuncture pratiquée par le professeur Richet, amenèrent la guérison en sept à huit semaines. Les piqûres de l'ignipuncture donnèrent issue à une sérosité visqueuse, jaunâtre, qui continua à couler pendant une à deux semaines par les petites ouvertures restées fistuleuses. Après la guérison, il ne resta qu'un peu de raideur qui se dissipa sous l'influence de l'exercice et de bains alcalins arsenicaux (2). »

Mais que la constitution soit plus atteinte, que l'élément strumeux y ait imprimé plus profondément son cachet, que les conditions hygiéniques soient plus mauvaises, alors on verra apparaître les lésions des cartilages, les fongosités et la suppuration intra-articulaires, en un mot, la *tumeur blanche* qui est placée avec raison en de-

(1) Noel Gueneau de Mussy, Id. Loc. cit.
(2) Id., p. 263.

hors des rhumatismes chroniques, quoique l'élément rhumatismal puisse être un des coefficients de son évolu tion initiale (Gueneau de Mussy).

C'est bien ainsi, croyons-nous, qu'il faut entendre la *tumeur blanche rhumatismale*, en admettant cette combinaison des diathèses, ces métissages (Pidoux).

Pourquoi, suppuration ici, organisation là, incurabilité dans le troisième cas ?

L'anatomie pathologique peut-elle nous donner quelques renseignements sur ces diverses terminaisons ? Non, elle nous apprend comment elles arrivent, elle ne peut nous dire pourquoi.

La pathogénie est-elle plus avancée ? Non encore, dans la plupart des cas, puisque nous voyons les mêmes causes, les mêmes inflammations dites rhumatismales, donner lieu à des effets différents. Nous ne pouvons dire que ceci : ces terminaisons arrivent parcequ'elles sont le résultat d'une inflammation particulière, particulière par le terrain sur lequel elle se développe, particulière par les produits qu'elle fait naître.

Nous ne pouvons guère aller plus avant dans l'analyse des faits et dans bien des cas nous ne devons pas dissimuler notre impuissance à expliquer la relation entre l'étiologie, l'intensité des lésions et la tendance de ces lésions à marcher dans tel sens plutôt que dans tel autre. (Gosselin) (1).

Nous devons cependant aller plus loin et chercher quelles sont les formes d'arthropathies qui s'accompagnent le plus souvent d'une terminaison fâcheuse.

Nous avons déjà signalé cette forme particulière d'arthrite rhumatismale dans laquelle les produits exsudés tendent à l'organisation, et que nous avons nommée *ar-*

(1) Gosselin, Clinique chirurgicale de la Charité, t. I, p. 653.

thrite plastique, ankylosante, rhumatisme chronique fibreux, dans laquelle les lésions semblent envahir non-seulement la synoviale, mais tous les tissus périarticulaires et qui conduit dans quelques cas, avec une extrême rapidité, à l'ankylose fibreuse. Nous ne pouvons guère trouver que dans l'intensité de l'inflammation la cause de cette terminaison. Nous tenions à bien établir la réalité de ce type qui donne lieu à des indications spéciales et à un prenostic relativement grave, et, outre les faits que nous avons déjà cités, nous rapportons à l'appui quelques observations intéressantes, que M. le Dr Nicaise, agrégé de la Faculté, a bien voulu nous communiquer.

Obs. I. *Arthrite rhumatismale ankylosante du coude droit.* — (Observation due à l'obligeance de M. le Dr Nicaise, agrégé de la Faculté.)

E. V..., domestique, 27 ans, entre le 11 juillet 1873, à l'hôpital de la Pitié, salle Saint-Augustin, n° 10.

V... est d'une bonne santé habituelle; elle a eu au mois de janvier de cette année une attaque de rhumatisme articulaire subaigu, portant sur le coude droit, les deux épaules, le poignet droit ; la maladie n'a pas tardé à se localiser dans le coude droit. L'avant-bras est dans l'extension. et bientôt la raideur est telle que tout mouvement est impossible.

Le 17 juillet, la malade est anesthésiée et l'avant-bras est fléchi à angle aigu sur le bras ; on met un appareil pour le maintenir dans cette position.

La malade eut une attaque d'hystérie au début de l'administration du chloroforme et une rétention d'urine qui débuta le soir même et dura jusqu'au 22 juillet, nécessitant l'emploi de la sonde.

Les douleurs du coude obligent à enlever l'appareil.

15 août. Le coude est toujours douloureux, enflammé ; le bénéfice de la réduction a disparu ; cataplasmes,

12 septembre. Le gonflement et la douleur n'existant plus depuis quelque temps, la malade est anesthésiée, et je procède à une nouvelle réduction. L'avant-bras est fléchi à angle aigu sur le bras ; un appareil inamovible silicaté est appliqué immédiatement ; de plus l'avant-bras est maintenu dans sa position par une bande de caout-

chouc qui forme des 8 de chiffre entre l'extrémité inférieure de l'avant-bras et l'extrémité supérieure du bras. Cette opération ne fut suivie ni de douleurs, ni d'inflammation.

Comme lors de la première réduction, la malade eut une attaque d'hystérie au moment de l'administration du chloroforme ; elle a eu pendant deux jours de la dysurie, puis de la rétention complète, qui a bientôt disparu.

15 octobre. L'avant-bras est toujours fléchi à angle aigu sur le bras et maintenu par un appareil silicaté. formé de deux gouttières. Une grande surveillance est encore nécessaire pour permettre à la malade de porter sa main vers la bouche, car l'avant-bras a une tendance persistante à s'étendre. Ce fait peut être attribué à ce que la malade se sert de la main droite pour travailler, faire du crochet tricoter. Aucune douleur dans le coude.

Remarque. — Cette observation est intéressante par la rapidité avec laquelle s'est produite l'ankylose, à la suite d'une légère attaque de rhumatisme, bientôt localisé dans une articulation. Il s'agit là d'une forme spéciale d'arthrite rhumatismale, avec tendance à la formation rapide d'une ankylose persistante ; elle mérite l'épithète d'*ankylosante*, déjà employée par M. le professeur Gosselin pour des faits que l'on peut rapprocher de celui-ci.

Je signale seulement la rétention d'urine survenue à la suite de l'opération (1).

Obs. II. *Arthrite rhumatismale ankylosante du genou droit.* — (Observation due à l'obligeance de M. le Dr Nicaise, agrégé de la Faculté.

D. F..., âgé de 31 ans, maçon, entre le 15 septembre 1876, à l'hôpital Temporaire.

Antécédents : fièvre cérébrale, dit-il, à 6 ans; ictère à l'âge de 10 ans; aurait eu à cette époque de l'œdème généralisé. A 19 ans perd l'œil droit; fluxion de poitrine en 1870; chancre du prépuce en 1874 ; on constate encore sur la peau des cuisses et des jambes des

(1) Nicaise. Rétention d'urine consécutive à une lésion traumatique ou opératoire. (Gaz. méd., 1873, p. 533.)

cicatrices minces, brunâtres, généralement rattachées à la syphilis.

16 mars 1876. Douleurs dans le genou et la hanche gauches, de peu de durée et suivies bientôt de douleurs dans le genou droit. Quelques jours après le malade entre à l'hôpital du Hâvre, où on lui met un vésicatoire sur le genou.

Sa jambe s'était fléchie sur la cuisse ; deux mois après l'entrée du malade à l'hôpital, on redresse la jambe en la mettant dans l'extension D.,. sort de l'hôpital le 21 juin, il marche avec des cannes ; la jambe est étendue.

Le malade tombe sur le genou et entre à l'Hôpital Temporaire, le 27 juin 1876.

Teinture d'iode sur le genou. Iodure de potassium à l'intérieur, puis appareil inamovible laissé en place pendant vingt-quatre jours D... est envoyé à Vincennes ; au bout de quelque temps on enlève l'appareil avec lequel il était sorti de l'hôpital. Sa jambe se fléchit. D... rentre à l'Hôpital Temporaire le 15 décembre 1876.

20 septembre. On fait des tentatives d'extension et la jambe est placée dans une gouttière.

16 octobre. La jambe est fléchie presque à angle droit ; il y a une légère subluxation du tibia en arrière, en même temps qu'un certain degré de rotation du tibia en dehors.

Le genou est peu volumineux, il a une forme presque normale et laisse percevoir les saillies osseuses et les dépressions. En outre, le genou est dur ; on ne constate en aucun point ni ramollissement, ni fongosités. Il n'y a jamais eu d'abcès autour de l'articulation du genou.

Arthrite rhumatismale fibreuse avec ankylose.

Le 19. Le malade est chloroformé, puis j'opère le redressement de la jambe pendant lequel se produisent des craquements très-marqués. L'extension obtenue n'est pas complète. La jambe est bien fixée dans une gouttière.

Le 20. Le genou est plus douloureux. Un bandage silicaté est appliqué.

Le 16. Après anesthésie je pratique un nouveau redressement de la jambe, qui diminue encore la flexion. Le membre est fixé dans sa nouvelle attitude. Appareil silicaté. La subluxation du tibia empêche d'obtenir l'extension complète de la jambe.

Remarque. — Ce fait est encore un exemple bien net de la variété d'arthrite rhumatismale ankylosante. L'ankylose est survenue rapidement et a résisté au traitement, se montrant comme devant être définitive. Le gonflement et les changements de forme de l'articulation malade ont été peu marqués. La connaissance de cette variété d'arthrite est importante, surtout au point de vue du pronostic et du traitement (Nicaise).

En dehors : 1° du traumatisme, 2° de la diathèse scrofuleuse, 3° de la diathèse rhumatismale, les arthropathies peuvent-elles emprunter à d'autres causes déterminantes des caractères spéciaux qui permettent de remonter à cette nouvelle origine ? Un grand nombre de travaux modernes tendrait à le faire croire : il n'est guère aujourd'hui d'état physiologique ou pathologique qui n'ait été accusé de pouvoir retentir sur les articulations : la puberté, la menstruation, la grossesse, l'allaitement, la ménopause, l'anémie, la chlorose, la scarlatine, la variole, la blennorrhagie, la dysenterie, la bronchite chronique, la dilatation des bronches, la syphilis, etc. etc., ont été successivement incriminées. De tous ces états, nous ne retiendrons que la blennorrhagie.

Nous ne pouvons entrer pendant le cours de ce travail, dans la discussion des questions de doctrine, ayant pour objet de rattacher la blennorrhagie au rhumatisme ou de l'en distraire. C'est ici que l'on pourrait presque dire : *tot capita, tot census ;* nous ne pouvons que renvoyer le lecteur à la célèbre discussion de la Société Médicale des hôpitaux (1867), à l'excellent article de M. Fournier (1), aux nombreuses thèses soutenues sur ce sujet à la Faculté (2), et à un article très-sagement critique de M. Besnier (3) ;

(1) Art. Blennorrhagie. Dict. de méd. et chirurgie prat., 1866.

(2) Voir pour la bibliographie complète du rhumatisme blennorrhagique une Revue critique de M. Talamon, in Revue mensuelle de médecine et de chirurgie, numéros de janvier, février, mars 1878.

(3) Besnier. Art. Rhumatisme, Dict. encyclopéd., 3e série, t. IV, p. 780.

La question peut se ramener à l'un de ces trois termes : 1° Le rhumatisme des blennorrhagiques n'est autre qu'un rhumatisme vrai, excité, causé, modifié, si l'on veut, dans quelques-unes de ses manifestations par la nature de l'agent provocateur ; 2° Ce rhumatisme n'est pas un rhumatisme, mais un état morbide constitué de toutes pièces par la blennorrhagie et cette opinion se décompose en un grand nombre d'opinions secondaires ; 3° Le rhumatisme des blennorrhagiques est bien une affection spéciale, mais *mixte*, tenant à la fois de la blennorrhagie et du rhumatisme, non une association, une combinaison (Besnier).

Abandonnant la question de relations entre le rhumatisme et la blennorrhagie, question que nous nous sentons incapable de résoudre, nous nous proposerons seulement la solution du problème suivant, dont les termes ont été nettement posés dans un travail auquel nous avons déjà fait allusion (1). Etant admis que la blennorrhagie (et par ce mot seul on entend toujours blennorrhagie de l'urèthre) s'accompagne du côté des jointures d'accidents trop fréquents, soit chez divers sujets, soit à plusieurs reprises sur le même patient, pour qu'on puisse mettre en doute l'existence d'un rapport quelconque, autre qu'un simple rapport de coïncidence, ces accidents articulaires présentent-ils une physionomie, une évolution particulière qui permettent d'en faire une classe à part ?

La *spécificité* de la cause imprime-t-elle une *spécificité* d'allures à l'affection ? Les lésions, les signes, les terminaisons diffèrent-elles essentiellement des lésions, des signes, des terminaisons que nous avons étudiés précédemment ? Peut-on comparer les uns aux autres ?

(1) Besnier. Loc. cit., p. 789.

Comme le rhumatisme franc, l'arthrite blennorrhagique peut envahir *toutes* les jointures, les *grandes* surtout et en particulier le genou ; en général, étendue à la fois ou successivement à plusieurs articulations, elle finit en général par se localiser dans un petit nombre (1).

D'après M. Fournier, dans une forte proportion, 25 pour 100, les manifestations de ce rhumatisme seraient exclusivement *abarticulaires* ou *périarticulaires*.

On peut (Fournier) décrire, au point de vue des phénomènes articulaires, trois variétés : 1° l'arthralgie ; 2° l'hydarthrose ; 3° l'arthrite.

L'arthralgie, forme la plus simple, ne consistant qu'en douleurs vagues, erratiques, survenant dans le cours d'une blennorrhagie, plus souvent dans le cours de vieilles blennorrhées, ne se traduit par aucun signe extérieur.

L'hydarthrose ne diffère de l'hydarthrose ordinaire que par son début insidieux, l'abondance de l'épanchement, l'indolence de la jointure malade, la lenteur désespérante de la résolution (5, 6, 8 mois) et plus (Fournier).

L'arthrite peut être *monoarticulaire*, le plus souvent *polyarticulaire* (Brandes, Foucart, Rollet, Fournier).

L'arthrite monoarticulaire se présenterait tantôt avec les phénomènes les plus accusés d'une arthrite traumatique, gonflement et chaleur intense, douleur vive, fièvre ardente, mais tout cela cédant et prenant une allure plus modérée au bout de quelques jours ; tantôt, au contraire, avec une marche subaiguë qui établit la transition entre elle et l'hydarthrose.

La polyarthrite blennorrhagique se différencierait de la polyarthrite rhumatismale par : 1° la généralisation

(1) L'arthrite sterno-claviculaire serait caractéristique et doit faire songer immédiatement à un rhumatisme blennorrhagique (Soc. méd. Hôp., 1877, 9 novembre).

plus restreinte des arthropathies ; 2° leur fixité plus grande ; 3° l'absence de délitescences subites ; 4° la résolution plus difficile ; 5° les caractères du liquide épanché. Ce liquide, jaune foncé, constitué par de la sérosité visqueuse, alcaline, louche, purulente, ne renferme pas de mucine ; il contient des globules de pus et des matières fibrino-albumineuses ; il ressemble au liquide des arthrites (1). Le liquide du rhumatisme articulaire ordinaire, d'une couleur citrine, n'est constitué que par un mélange de synovie avec un liquide séro-fibrineux.

Outre les trois formes que nous venons d'énumérer, on a voulu encore faire entrer dans le cadre du rhumatisme blennorrhagique : 1° un rhumatisme articulaire aigu généralisé (Lorain), dans lequel rien ne montre le rapport de cause à effet entre la manifestation rhumatismale et la blennorrhagie ; 2° un rhumatisme chronique noueux, *arthrite de forme noueuse ou pseudo-goutteuse* (Fournier). Cette forme, qui ne se serait développée qu'aux articulations des phalanges entre elles, aux articulations métacarpo-phalangiennes et carpo-métacarpiennes et enfin au gros orteil, serait caractérisée par des nodosités, des bosselures, surtout périarticulaires. Pour M. Besnier, ces lésions seraient dues à une périostite externe des extrémités articulaires. Elles se produiraient surtout « chez ces singuliers sujets pour lesquels toute blennorrhagie est l'origine presque fatale de complications rhumatismales. » (Fournier.)

Pour les défenseurs du rhumatisme blennorrhagique, ses terminaisons seraient l'argument le plus sérieux : la lenteur et la difficulté de la résolution, la persistance de raideurs, de craquements, de la gêne des mouvements après la guérison, enfin la tendance à l'ankylose seraient

(1) Laboulbène. Académie de médecine, 18 juillet 1872.

des caractères qui lui appartiennent en propre. Enfin, et chose imprévue après l'analyse du liquide des épanchements blennorrhagiques, cette arthrite ne suppurerait jamais : « Le rhumatisme vulgaire suppure quelquefois, le rhumatisme blennorrhagique jamais » (Rollet) (1). Il y aurait peut-être lieu de faire quelques réserves à cette proposition trop absolue (2).

De cette analyse sommaire des formes et des caractères du rhumatisme blennorrhagique, de cette courte instruction où nous n'avons pu passer en revue toutes les pièces du procès, que pouvons-nous conclure ?

Laissons de côté le *rhumatisme blennorrhagique*, cette entité morbide trop générale et trop vague, créée ou non par la blennorrhagie et pouvant donner lieu à des manifestations auxquelles ne participe nullement la jointure, et prenons seulement l'arthrite développée dans le cours d'une blennorrhagie et probablement sous son influence. Eh bien ! non plus au point de vue doctrinal mais au point de vue pratique, nous ne voyons plus de différence bien tranchée entre l'arthrite blennorrhagique et l'arthrite rhumatismale subaiguë, et en particulier cette forme que nous avons décrite sous le nom anatomique de synovite plastique, sous la rubrique symptomatique d'arthrite ankylosante. La lenteur de la résolution, la persistance des craquements après la guérison, la nature du liquide qui nous semble plutôt en rapport avec le degré de l'inflammation qu'avec son origine, la tendance à l'ankylose ne nous semblent pas être des caractères assez typiques pour distraire nettement, autrement que par son étiologie, les arthrites blennorrhagiques des arthropathies rhumatismales.

Nous retiendrons seulement cette particularité :

(1) Rollet. Traité des maladies vénériennes, 1865, p. 38.

(2) Talamon. Loc. cit., p. 71.

beaucoup plus souvent que le rhumatisme aigu ordinaire, elles se localisent dans une seule articulation, y dépassent la forme congestive et prennent la forme plastique et ankylosante (Gosselin); caractère d'une valeur encore secondaire, puisque nous voyons souvent l'arthrite rhumatismale la plus franche évoluer ainsi quand elle se cantonne sur une *seule* articulation.

V.

DES ARTHROPATHIES SYPHILITIQUES.

I. La syphilis peut-elle, comme la scrofule et le rhumatisme, produire du côté des jointures des manifestations ?

II. Ces manifestations ont-elles un caractère assez nettement tranché pour qu'on puisse les rapporter à cette origine?

III. Se rapprochent-elles des accidents articulaires déterminés par la scrofule et le rhumatisme, et peut-on comparer les unes avec les autres ?

A ces questions nous tâcherons de répondre par des faits ; nous ne pouvons recommencer ici l'histoire complète des arthrites syphilitiques ; ce serait certainement dépasser les bornes de notre tâche.

Nous nous bornerons à un travail de critique et à un rapprochement entre les diverses formes d'arthropathies que nous avons étudiées.

I. Nous renvoyons, pour l'historique de la question, à la thèse de M. Jules Voisin (Paris 1875), à celle plus récente de M. Plateau (1877).

Nous aurons occasion d'y revenir en faisant l'histoire des variétés admises.

On a admis que la syphilis pouvait provoquer dans les jointures un certain nombre de manifestations, lesquelles, comme ordre d'apparition et comme gravité, peuvent être rangées de la manière suivante :

Arthralgie,
Arthrite subaiguë,
Hydarthrose,
Synovite plastique ou gommeuse,
Ostéite.

Enfin, en même temps ou en dehors des manifestations articulaires, il pourrait y avoir des accidents du côté des synoviales tendineuses (1).

On ne sait trop ce qu'il faut entendre par l'arthralgie syphilitique qui semble liée à l'introduction du virus dans l'économie et qui ne se traduit que par une sensation de brisure et de fatigue. Du reste son époque d'apparition variable ne permet pas de voir nettement l'enchaînement qui la rattache à l'intoxication. Elle se montre au début de la vérole pendant la période qui s'étend depuis le moment de l'infection jusqu'au moment de l'apparition des éruptions cutanées ou muqueuses et que nous appellerons *première période* (Voisin). Elle précède généralement de peu de temps les accidents secondaires et peut-être est-ce la raison qui a engagé nombre d'auteurs à la faire rentrer dans ces accidents.

Elle peut même précéder l'apparition du chancre, surtout quand celui-ci a une incubation très-longue et qu'il devance de peu de jours la roséole (Voisin).

Ces douleurs sont très-fréquentes et apparaissent en-

(1) Verneuil. Fournier, Gaz. hebd., 1868.
Fournier. Leçons sur la syphilis, 1873.

viron chez le quinzième des malades en puissance de vérole (*id.*). Elles coïncident le plus souvent avec d'autres manifestations douloureuses vagues, siégeant dans les muscles, et accompagnent la fièvre syphilitique; aussi Hunter, qui repousse l'existence de ces arthralgies, constate « que la fièvre syphilitique ressemble d'abord à la fièvre rhumatique, et comme ces symptômes (douleurs musculaires, articulaires, périostiques) se manifestent souvent indépendamment de toute action locale et sans être accompagnées, il est très-difficile de reconnaître la véritable nature de la maladie. »

Ces douleurs offrent ce caractère particulier d'être plus vives la nuit et le matin que le jour, bien plus intenses pendant le repos que pendant l'exercice. La nuit et le matin, les jointures semblent *rouillées* (Fournier).

Presque toutes les articulations deviennent douloureuses, mais celles des genoux, du poignet, des coudes, des épaules, des chevilles seraient plus fréquemment atteintes que les autres.

Du reste, aucun changement de couleur à la peau, aucun gonflement, aucune élévation de température. La douleur est provoquée par la pression ou par le mouvement: elle cesse avec les premières doses de mercure et peut se prolonger plusieurs semaines si sa nature véritable est méconnue. Enfin sa disparition laisse en général l'articulation dans une intégrité parfaite; quelquefois celle-ci reste le siége de craquement. On pourrait donc admettre qu'il y a eu quelques phénomènes inflammatoires se traduisant anatomiquent soit par une sécheresse de la synoviale soit par un dépoli des cartilages, soit par une certaine exsudation déposée à leur surface. En l'absence de tout contrôle anatomique, on ne peut que se livrer à des hypothèses; on doit accepter ces douleurs, si fréquentes au début de l'infection syphilitique, en restant très-réservé sur leur nature et leur mode de production.

Plus accentuées dans leurs phénomènes extérieurs seraient les *arthrites subaiguës* de la deuxième période. Ce sont elles que M. Fournier a décrites sous le nom de *pseudo-rhumatisme*, que M. Vaffier a eues en vue dans sa thèse sur le *rhumatisme syphilitique* (1).

Du gonflement, de la rougeur, de la tension, de la douleur, une teinte rosée des téguments leur appartiennent comme aux arthrites de toute nature. Elles ne présentent rien de particulier que le peu d'épanchement intra-articulaire, que l'exagération de la douleur pendant le repos et la nuit, phénomènes qui les distingueraient des arthrites rhumatismales ou autres dans lesquelles le gonflement et la douleur s'exaspèrent surtout sous l'influence des mouvements. Enfin, comme dans le rhumatisme vulgaire, plusieurs articulations peuvent être envahies à la fois.

M. Desprès (2) et, d'après son inspiration, M. Guignard (Th. Paris 1870) se sont élevés contre la spécificité de ces arthropathies; pour M. Desprès ces arthrites ne se manifesteraient que sur des sujets rhumatisants, chez qui la syphilis, cause de dépression générale, pourrait faire éclater une attaque, comme la blennorrhagie. Et de fait, cette opinion peut être soutenue : ni au point de vue des lésions, ni au point de vue des signes, ces arthrites ne différant de celles que provoque le rhumatisme; elles ne s'en éloignent que par l'absence d'antécédents rhumatismaux, que par quelques particularités de la douleur auxquelles la syphilis n'est peut-être pas étrangère (exagération nocturne), et par leur disparition rapide sous l'influence du traitement syphilitique.

(1) Fournier. Leçons sur la syphilis, 1873.
Vaffier. Du rhumatisme syphilitique. Th. Paris, 1875.

(2) Després. Traité de la syphilis, 1873.

L'argument invoqué tant de fois, que ces arthrites s'améliorent sans appareil, sans immobilisation, ne nous paraît pas d'une valeur considérable; ne voyons-nous pas à chaque instant dans les services de médecine les arthrites aiguës et subaiguës d'origine rhumatismale guérir sans le moindre traitement local et par la seule administration de remèdes dont on a voulu quelquefois faire des spécifiques? De ce qu'une arthrite guérit pendant que le malade prend du mercure, il ne s'ensuit pas absolument que le mercure a été l'agent de la guérison.

Et pour la douleur, ne voyons-nous pas les diathèses imprimer à ce symptôme des caractères spéciaux? Un traumatisme chez un rhumatisant n'est-il pas souvent suivi d'une douleur, soit au point percuté, soit à distance, de proportion avec l'intensité de la cause vulnérante? Ne peut-on admettre de même que la syphilis donne à une douleur, dont elle n'est pas la cause primitive, une périodicité nocturne?

Du reste, quelques-unes des observations citées à l'appui de ces arthrites secondaires ne sont pas très-concluantes, et si on les soumet à une critique sévère il n'en reste que peu de chose. Dans l'une (th. de Voisin, obs. I), le sujet est strumeux et porteur de ganglions inguinaux suppurés.

Dans une autre (*id.*, obs. II), la mère du malade était rhumatisante; les douleurs ne surviennent que deux ans après le chancre, avec tous les signes extérieurs de l'arthro-synovite rhumatismale au niveau de l'articulation tibio-tarsienne. Le malade, la veille des accidents, était resté exposé au froid depuis 9 heures du matin jusqu'à 3 heures de l'après-midi. Trois mois auparavant, le genou gauche avait été pris de douleurs analogues et qui avaient disparu *sans aucun traitement spécifique*. On y constatait encore du gonflement, de l'empâtement des tissus périarticulaires et des craquements.

Dans une troisième observation (*Id.*, obs. III), l'exagération nous paraît manifeste : suffit-il donc d'être syphilitique pour que tous les accidents puissent être rapportés à la syphilis? Nous n'admettons vraiment son influence que lorsque les lésions ou la marche de la maladie nous paraissent en rapport avec l'infection générale. Voici le fait en quelques mots ; nous le transcrivons pour donner une idée de la facilité avec laquelle on rapporte à la syphilis des accidents auxquels elle est sans doute bien étrangère (1).

Un homme de 29 ans prend un chancre infectant en septembre 1868 et présente une série d'accidents secondaires.

Pendant les années 1869 et 1870, sa santé est excellente. « Au commencement de mai 1871, M. X..., qui n'a jamais eu de rhumatisme, se trouvait à la campagne ; il fait un faux-pas et contracte une entorse légère tibio-tarsienne gauche, qui fut soignée régulièrement par le médecin de la campagne. Le 1er juin, je vois M. X... qui me raconte qu'il a une entorse datant de quinze jours, que la marche est douloureuse, qu'il y a douleur en posant le pied par terre. Autour de l'articulation il y a un léger empâtement peu douloureux au toucher ; la marche est pénible. Quoique je ne constate aucune poussée syphilitique nouvelle, je conseille l'usage des préparations iodurées, des bains sulfureux et des douches de même nature. Les bains et les douches furent pris, mais il n'en fut pas de même des médicaments iodurés. Le 23 juillet 1871 (c'est-à-dire deux mois et demi environ après l'accident), M. Fournier et moi nous voyons le malade et nous constatons un

(1) Th. de Jules Voisin, p. 43, obs. du Dr Thibierge.

léger empâtement autour de l'articulation tibio-tarsienne avec marche douloureuse. Pas de traces de syphilides. » Après un séjour de trois semaines à Aix, tout empâtement articulaire a disparu ; il reste un peu de gêne dans la marche, surtout au départ. Cette gêne s'éteignit quelques mois après.

Eh bien ! vraiment, y a-t-il là de quoi faire une arthrite syphilitique, chez ce malade qui guérit sans prendre le traitement spécifique ? Ne voyons-nous pas fréquemment de ces entorses traîner ainsi pendant des mois ? Qui sait les lésions exactes du cartilage, de la synoviale, dans l'entorse ? Et si l'antécédent syphilis n'avait pas existé chez ce malade, sa lésion en elle-même aurait-elle pu y faire penser ?

A cette même période secondaire se rattacheraient les arthrites *hypercriniques* (Voisin) ou *hydarthroses*. Elles apparaîtraient lentement, sourdement, avec peu de douleur et sans autre phénomène bien appréciable que l'épanchement lui-même. Leur époque d'apparition serait très-variable : M. J. Voisin les a vues se développer *trois ans* après l'accident primitif; M. Fournier les a observées *dès le début* de l'infection, eu pleine éruption secondaire; M. Gérin-Roze (1), *dix jours* après le chancre induré. Dans les cas rapportés par M. Richet, l'apparition des premiers symptômes syphilitiques n'a pas été notée, sauf dans un cas où la tuméfaction commença dix-huit mois après les premiers signes de vérole (2).

Enfin, dans une thèse récente (Plateau, th. 1877), les épanchements ont été confondus dans une même description et à côté de l'observation de M. Gérin-Roze (hydarthrose dix jours après le chancre) nous trouvons un cas

(1) Union médicale, 1869, t. II, p. 786.

(2) Richet. Mém. sur les tum. blanches. (Mémoires de l'Académie de méd., 1853, t. XVII, p. 261.

d'épanchement avec épaississement gommeux de la synoviale, c'est-à-dire en coïncidence avec des accidents tertiaires. Il y a là une confusion qu'il est bon de signaler pour ne pas ranger dans une même catégorie ces divers épanchements, dont les uns ne peuvent être rattachés à aucune lésion manifeste, tandis que les autres ont pour point de départ une irritation de voisinage, une gomme de la synoviale ou une périostite des extrémités articulaires.

En effet, l'hydarthrose en elle-même n'est pas une maladie, elle n'est qu'un symptôme et tous nos efforts doivent tendre à trouver la lésion dont elle n'est que l'expression symptomatique.

Peut-être ainsi pourrait-on ranger en deux classes les épanchements qui semblent provoqués par la syphilis : les premiers, précoces, dus soit à une synovite congestive (que rien ne démontre), soit à une de ces lésions superficielles du périoste ou des os que l'on a accusées de produire la céphalée et les autres phénomènes douloureux du squelette, au début de la vérole ; les autres plus tardifs, provoqués par la présence de lésions osseuses ou périostiques ; de gommes situées au voisinage de l'articulation et déterminant par voisinage une irritation sécrétoire, de même qu'un tubercule pulmonaire ou une périostite costale font sécréter la plèvre.

C'est bien ainsi, il me semble, qu'on peut interpréter les différences dans l'époque d'apparition de l'hydarthrose, et c'est la conclusion à laquelle on arrive quand on analyse sévèrement les observations rapportées à ce sujet. Aussi me paraît-il difficile d'écrire l'histoire des épanchements articulaires syphilitiques *seuls* sans chercher à les relier à la cause qui les a produits.

Je serais entraîné trop loin s'il me fallait analyser ces diverses observations ; je renvoie le lecteur aux thèses de

MM. Voisin et Plateau et je l'engage à noter dans bon nombre de faits la coïncidence avec l'épanchement des signes de la périostite ou de la gomme.

L'épanchement en lui-même n'offre aucun caractère spécial : il se montre de préférence et presque exclusivement au genou. Il est en général indolent, quelquefois avec une exagération de la douleur pendant la nuit et le repos ; on a signalé aussi son intermittence. La synoviale a été trouvée épaissie au niveau de ces culs-de-sac ; en un mot, aucun caractère ne distingue ces hydarthroses des épanchements vulgaires.

L'antécédent seul ou la présence d'une lésion syphilitique, soit à distance, soit au voisinage de la jointure, peut en faire reconnaître la cause.

Ces phénomènes gommeux périsynoviaux dont nous parlions tout à l'heure nous amènent à parler des lésions tertiaires de la syphilis dans les articulations. M. le professeur Richet les a décrits (1) sous le nom de tumeurs blanches syphilitiques, dénomination défectueuse que nous rejetons, la tumeur blanche, pour nous, devant être caractérisée par la production du tissu fongueux qui n'appartient pas à la syphilis, mais bien à la scrofule.

Pour cet auteur, la vérole attaque tantôt primitivement la synoviale, tantôt les extrémités osseuses et de là l'inflammation se propage à l'articulation ; d'où deux grandes classes d'arthrites, les *synovites* et les *ostéites articulaires*.

L'histoire de la synovite syphilitique est presque essentiellement clinique : l'anatomie pathologique n'a été faite qu'une seule fois par M. Lancereaux (2) qui constata « dans le tissu séreux sous-synovial et le tissu fibreux un néoplasme qui ne différait ni par sa coloration, ni par sa

(1) Loc. cit.
(2) Lancereaux. Traité de la syphilis. 2° édition, 1874, p. 207.

composition histologique des productions syphilitiques du tissu cellulaire sous-cutané et de celles des viscères. Des masses jaunes, élastiques, un peu molles, sèches, situées de chaque côté du ligament rotulien et dans l'espace qui sépare ce ligament de la membrane synoviale ont atrophié et transformé une partie du peloton celluloadipeux ; tapissées par la membrane séreuse d'une part, elles sont d'autre part recouvertes par la portion du ligament rotulien qui ne participe pas à l'altération ; de chaque côté de ce ligament elles font saillie sous les toiles fibreuses ou celluleuses qui passent en avant de l'articulation. La membrane synoviale n'est pas sensiblement lésée, mais les cartilages sont secondairement érodés en plusieurs endroits, et c'est aussi sans doute à la suite de l'irritation de la membrane synoviale que s'est produit l'épanchement séreux articulaire. » L'examen clinique a presque toujours révélé des signes en rapport avec les lésions relatées dans cette autopsie restée jusqu'à présent unique.

Souvent ces épaississements du tissu cellulaire sous-séreux ont assez de relief pour être dits *tumeurs* et simuler jusqu'à un certain point des corps étrangers peu mobiles (obs. de Richet et Cullerier). Ces plaques peuvent être plus ou moins confluentes ou se réduire en petites infiltrations riziformes donnant lieu à une crépitation fine et amidonnée.

En même temps on a noté fréquemment la coexistence d'épanchements assez considérables. Il en résulte que deux signes importants caractérisent ces arthropathies syphilitiques tertiaires : d'une part, l'épaississement périsynovial, d'autre part l'épanchement intra-articulaire.

M. Panas (1), dans un excellent article écrit avant l'au-

(1) Panas, Art. Articulation. Nouveau Dict. de médecine et chirurgie pratiques, t. III, p. 415.

topsie faite par M. Lancereaux, a pu mettre en doute la réalité de la synovite syphilitique. Et en fait, dans un certain nombre de cas, les lésions attribuées à la syphilis se rapprochent tellement de celles que nous constatons dans l'arthrite chronique avec épanchement et avec épaississement chronique de la synoviale, que ce doute nous paraît très-justifié. Ici encore, comme pour les arthrites subaiguës de la deuxième période, il ne faut pas se hâter de conclure à la syphilis et certaines observations nous semblent avoir été prises avec un peu trop de parti pris.

Nous citerons à cet égard l'obs. X de la thèse de M. J. Voisin, où la syphilis fut seulement *soupçonnée* chez une femme de 42 ans qui présenta avec les signes d'une tumeur cérébrale un gonflement douloureux de l'articu lation temporo-maxillaire, avec raideur et gêne des mouvements, et une tumeur dans l'épaisseur de la joue. Tous les symptômes s'amendèrent par l'usage de l'iodure de potassium, et il ne persista que quelques craquements au niveau de l'articulation temporo-maxillaire.

De même l'observation XI : il s'agit d'un malade de 40 ans, ancien soldat, manifestement atteint de syphilis qui présentait une ankylose des deux genoux : « le genou droit, présentant des cicatrices de syphilides ulcéreuses, est dans une flexion permanente, à angle obtus, largement ouvert en arrière. Impossibilité au malade d'exécuter des mouvements de latéralité. La rotule est immobile et paraît soudée à sa partie supérieure au fémur. Elle est rugueuse à sa partie antérieure et inégale sur ses bords. Elle mesure 1 c. de plus en largeur que celle du côté opposé qui paraît elle-même élargie.

Les extrémités osseuses du fémur et du tibia paraissent plus volumineuses qu'à l'état normal ; mais comme l'articulation correspondante est malade également, nous n'avons pas de terme de comparaison précis. Au côté interne de la rotule, à sa partie supérieure, on sent sur le fémur une tubérosité allongée que l'on ne sent pas sur le fémur du côté opposé. A la partie externe du ligament rotulien et se prolongeant sous ce ligament, on sent une tumeur mollasse, grosse comme une amande, adhérente à la synoviale. De l'autre côté, lésions moins avancées : de chaque côté du ligament rotulien on sent à la partie inférieure et même on perçoit à la vue une tumeur du volume d'une noix. Cette tumeur se prolongeant, de chaque côté, sous le ligament, est mollasse. Le reste de la synoviale paraît épaissi, mais on ne constate pas de plaques indurées. Pas d'épanchement articulaire. Quelques craquements, mais non constants. Aucune modification de la peau.

Les deux genoux sont le siége de douleurs spontanées, nocturnes, moins fortes depuis que malade prend de l'iodure de potassium. Aucune élévation de température de ces articulations appréciable à la main. Pas d'atrophie musculaire au-dessus et au-dessous de ces articulations. »

Nous relevons dans ce fait l'existence d'une circonstance rare, l'ankylose qui semble être tout à fait exceptionnelle. M. Lancereaux (communication orale) m'a dit ne l'avoir jamais constatée; enfin je tiens de M. le Dr Nicaise (communic. orale), qui vit le malade, que les lésions n'avaient rien de caractéristique et qu'elles ne différaient nullement de celles offertes par plusieurs autres malades examinés comparativement, atteints d'ankylose à la suite d'arthrite rhumatismale.

Si l'on s'en rapporte aux observations cliniques, cette forme de synovite paraît toujours secondaire à la production d'un tissu gommeux dans le tissu cellulaire sous-séreux, soit au genou de chaque côté du ligament rotulien, siége de prédilection, soit au coude de chaque côté du tendon du triceps. Il en résulte donc qu'à proprement parler il n'y pas *synovite* (l'autopsie de M. Lancereaux a démontré l'intégrité de la synoviale), mais que la lésion occupe surtout le tissu péri-synovial.

La synoviale irritée secrète et ce que l'on décrit sous le nom d'arthropathie syphilitique tertiaire se trouve constitué.

Pour nous, nous serions disposé à ne voir là qu'une affaire de retentissement et de voisinage et non une véritable arthrite ; la gomme se développe dans les tissus périarticulaires comme en tout autre point de l'économie.

Et quant au fameux argument que l'arthropathie guérit le plus souvent sans traitement local, il me semble au contraire venir à l'appui de la thèse que je soutiens, qu'il n'y a pas à proprement parler *arthrite* ; car une fois la synoviale touchée, personne n'ignore la difficulté de la guérison et la résistance au traitement, quelquefois le mieux conçu et le mieux appliqué.

Les faits sont d'une interprétation encore très-obscure quand il s'agit des arthrites syphilitiques d'origine osseuse. Je n'en ai pas trouvé de fait bien authentique depuis le mémoire du professeur Richet. Les observations de M. J. Voisin (1) de tumeur blanche syphilitique du coude se rapportent manifestement à des gommes : dans l'une (obs. VIII), « l'épitrochlée est un peu douloureuse et paraît augmentée de volume. » Mais, « au niveau de l'olécrane, à sa partie interne, entre lui et l'épitrochlée, on sent une petite tumeur arrondie, grosse comme une bonne noisette, se prolongeant du côté de l'articulation et donnant une sensation mollasse gommeuse. »

Dans l'autre (obs. IX) « l'épitrochlée est plus volumi-

(1) Jules Voisin, Loc. cit., p. 80 et suiv.

neuse que celle du côté opposé. La pression à son niveau provoque une légère douleur. L'olécrane, du même côté, *paraît* aussi plus volumineux que son congénère et la pression à son niveau provoque égalemement une légère douleur. » Mais il est dit auparavant « qu'on trouve à la partie interne du pli du coude, au niveau de l'épitrochlée et au-dessus d'elle et un peu en avant, une tumeur arrondie, mollasse, grosse comme une noix, donnant un peu la sensation de fluctuation et ne se réduisant pas par la pression ; cette tumeur parait adhérer au périoste, mais on ne peut la pédiculiser à ce niveau. » Enfin, une ponction faite plus tard dans la tumeur par le professeur Gosselin donna sortie à du pus gommeux.

Il est donc bien vraisemblable que le léger gonflement constaté au niveau des extrémités articulaires est produit dans ces cas par une périostite de voisinage développée grâce à la présence de la gomme.

Les trois cas rapportés par le professeur Richet ne nous semblent pas non plus absolument concluants.

La critique de ces faits a déjà été faite par M. Panas (1). Les deux premiers ont trait évidemment à une ostéite de presque tout le fémur compliquée d'une hydarthrose du genou, comme l'indique l'abondance de l'épanchement ; tandis que dans l'observation d'Astrié (mém. de Richet) le peu d'épanchement dans le genou, le gonflement simultané des épiphyses fémorale et tibiale, l'empâtement uniforme des parties molles, surtout en avant, témoignent bien plutôt en faveur d'une véritable tumeur blanche scrofuleuse, d'autant plus qu'il est dit que le malade syphilitique, âgé de 27 ans, était d'un tempérament lymphatique et d'une mauvaise constitution.

Je ne puis faire autrement que de rapporter à propos

(1) Panas. Nouveau Dict. méd. et chir. prat., t. III, p. 416.

de ce fait les idées de Ricord touchant l'influence réciproque de la scrofule et de la syphilis sur le développement des arthopathies : « Il s'est bien présenté à mon observation, dit Ricord, quelques cas de tumeur blanche dont la syphilis semblait avoir influencé la marche, je n'en ai jamais rencontré dans lesquels le virus syphilitique ait déterminé d'une manière directe l'affection articulaire. Cette diathèse, ayant porté plus spécialement son action sur le tissu compacte et presque jamais sur le tissu spongieux, et comme les extrémités articulaires sont presque exclusivement constituées par ce dernier élément, il n'est pas étonnant que l'on n'y rencontre presque jamais l'ostéite syphilitique ; mais si des individus scrofuleux viennent à contracter la syphilis, il peut résulter du mélange de ces deux diathèses un état qui participe de l'une et de l'autre, mais qui n'est ni l'une ni l'autre exclusivement, dont l'influence se fait sentir sur toutes les maladies qui se développent, lesquelles prennent alors une marche et des symptômes spéciaux ; si, chez ces individus, par exemple, une tumeur blanche vient à apparaître, elle présente des caractères mixtes de vérole et de scrofule contre lesquels réussiront à merveille les iodures de mercure (1). »

Ces considérations m'amènent à rapporter ici une observation intéressante que je dois à l'extrême obligeance du professeur Ollier, de Lyon, dans laquelle on peut voir, au point de vue des signes et des lésions anatomiques, l'influence de la syphilis et peut-être de la scrofule sur la production d'une arthropathie que j'aurais peine à qualifier du nom de *tumeur blanche*, étant donnée la signification que j'attache à ces mots. En tout cas, les caractères de l'affection sont particuliers.

(1) Mémoire de Richet sur les tumeurs blanches, p. 250.

OBS. III. — *Ostéo-arthrite de l'épaule développée chez une syphilitique à l'occasion d'un traumatisme. — Résection de l'épaule. — Accidents syphilitiques ultérieurs. — Guérison de ces accidents par l'iodure de potassium qui avait paru impuissant contre la première lésion* (1).

Louise Gaillard avait 15 ans en 1864 quand elle entra le 2 septembre 1865 à l'Hôtel-Dieu de Lyon, dans le service de M. Ollier, pour une ostéo-arthrite suppurée de l'épaule. La maladie avait débuté dans l'humérus depuis 7 ans, à la suite d'une chute sur l'épaule, et venait d'envahir l'articulation avec des symptômes plus graves qui décidèrent M. Ollier a pratiquer la résection.

Avant de l'opérer, on soumit cette malade à l'usage de l'iodure de potassium ; on avait lieu de soupçonner une syphilis héréditaire; mais les symptômes étaient peu marqués ; les traces de lésions anciennes pouvaient se rapporter aussi bien à la scrofule qu'à la syphilis.

A ce moment on doutait de l'influence de l'élément syphilitique de la maladie à cause de l'inefficacité de l'iodure de potassium d'une part, et de la ressemblance des symptômes avec ceux de la scrofule d'autre part.

Ce qui fait l'intérêt de cette observation, c'est l'origine traumatique de la lésion et sa résistance au traitement par l'iodure de potassium, l'iodure de fer et l'huile de foie de morue.

La surface de l'os réséqué était très-irrégulière par suite d'ostéophytes; *il n'y avait pas la raréfaction et la friabilité de la carie ordinaire.* Mais l'os était creusé de profonds sillons entre les saillies ostéophysiques.

L'articulation était en suppuration ; la tête présentait les lésions de l'ostéite déformante , elle était aplatie.

Pendant la convalescence, on redonna l'iodure de potassium; mais on ne faisait encore que soupçonner la syphilis qui ne fut nettement diagnostiquée que plus tard.

Deux ans plus tard, la malade eut une tuméfaction du périoste du sternum près du point où elle avait eu quelques années auparavant une ostéite suppurée. A cette occasion on fut frappé de l'aspect de la cicatrice de la plaie, de son bord festonné, de sa couleur violacée spécifique. On interrogea les parents de la malade, celle-ci n'ayant pas pu fournir de renseignements sur sa première enfance. Ce fut alors qu'on apprit que la malade n'avait pas eu une vaccination régulière, que deux des boutons vaccinaux avaient mis très-

(1) Cette malade fait le sujet de l'observat. publiée *in extenso* dans le traité de la régénération des os, de M. Ollier, t. II, p. 46.

longtemps à se fermer et que sa santé qui était excellente avant la vaccination avait été pour toujours altérée.

L'iodure de potassium fut immédiatement donné à haute dose et les accidents que la malade présentait guérirent rapidement.

Son état de santé paraissait bon, lorsqu'en 1870, la malade fut prise d'une hémoptysie ; on constata la présence d'une caverne dans le poumon gauche.

L'iodure de potassium fit disparaître cet accident.

L'été suivant, nouvelle hémoptysie ; nouveau succès par l'iodure de potassium.

Cette jeune fille a eu d'autres accidents, des gommes cutanées qui ont cédé au spécifique et qui n'ont fait que confirmer le diagnostic. Malheureusement cette conviction n'a pu être obtenue que longtemps après l'opération ; le résultat par l'iodure de potassium ayant été nul avant la résection.

Depuis, la malade se porte bien ; elle est devenue d'une belle santé et gagne sa vie en faisant son métier de repasseuse.

Il s'agit ici en somme d'une ostéite chez une syphilitique, à marche lente, et comme forme de lésion, d'une périostite ostéophytique avec invasion secondaire de l'articulation (1).

D'une manière générale, toutes ces arthropathies tertiaires syphilitiques ne conduisent pas à la suppuration ; dans le cas que nous venons de rapporter, la lésion osseuse avait suppuré, il est vrai ; mais elle s'était produite chez un sujet jeune, peut-être entaché d'une certaine dose de scrofule.

Nous rapprochons ici un autre cas où la suppuration s'est aussi faite et où l'articulation a été envahie, mais par un mécanisme particulier, par le ramollissement et l'ulcération de la gomme péri articulaire, avec ouverture secondaire de la jointure.

Obs. IV. *Arthrite syphilitique du coude.* (Observation communiquée par le professeur Ollier, de Lyon.)

Mme X..., 52 ans, de Montagny (Loire), entre à l'Hôtel-Dieu, salle Saint-Paul, dans le service de M. Ollier, au mois de mars 1866.

(1) J'ai rapporté ici cette observation curieuse telle qu'elle m'a été envoyée par MM. Ollier et Viennois, à qui j'adresse tous mes remerciements.

Elle est atteinte d'une arthrite suppurée du coude gauche. On la lui avait adressée pour faire la résection. Cette malade avait, en effet, une tuméfaction du coude comme dans les arthrites fongueuses, avec deux fistules sur le côté externe de l'articulation. L'une d'elles était presque oblitérée, l'autre permettait au stylet d'être introduit jusque dans l'article.

Il s'était écoulé un peu de pus épais au début, et depuis un mois l'état restait stationnaire avec une sécrétion insignifiante. La malade ne pouvait pas se servir de son coude à cause de la tuméfaction. Elle n'en souffrait nullement. L'introduction du stylet ne faisait éprouver aucune douleur. Cette indolence de l'arthrite fixa l'attention de M. Ollier qui, malgré les dénégations de la malade, soupçonna une arthrite syphilitique du coude. En découvrant la malade, la présence d'ulcérations spécifiques aux jambes vint confirmer le diagnostic.

Etat local. — La tuméfaction portait sur les tissus périarticulaires du coude et non spécialement sur telle ou telle extrémité osseuse. Aucune exostose n'existait ; le périoste et les couches pariostales étaient seulement épaissies. Le stylet introduit dans l'articulation faisait reconnaître une dénudation du cartilage, mais pas d'érosion profonde de l'os. Il y avait une lésion syphilitique du tissu fibreux de la capsule et des parties molles périarticulaires. Il n'y avait pas de lésions nées primitivement dans l'os, comme cela s'observe le plus souvent. C'est là une affection tertiaire ancienne, type dont les cas étaient rares, à l'époque où elle a été observée, il y a 12 ans.

L'iodure de potassium a guéri cette malade en trois semaines ; le coude a repris ses mouvements ; il n'y a jamais eu un moment de fièvre. L'assouplissement de l'articulation allait tous les jours en augmentant, lorsque la malade voulut quitter l'hôpital.

Après cette courte discussion dans laquelle nous avons établi ce que nous croyons devoir entendre sous le nom d'arthropathies syphilitiques, il nous semble bon de nous demander en quoi elles diffèrent des arthropathies scrofuleuses et rhumatismales et comment elles peuvent en être distinguées.

D'après les idées généralement admises, la scrofule, le rhumatisme, la syphilis, peuvent envahir tous les éléments d'une articulation ; mais chaque diathèse semble avoir son élément de prédilection ; la scrofule attaque plus spécialement le tissu des épiphyses et la synoviale dans laquelle elle produit du tissu fongueux ; le rhumatisme, dans ses formes subaiguës, envahit surtout la synoviale et les tissus péri articulaires qu'il infiltre de produits plastiques d'une résolution, tantôt spontanément facile, tantôt rebelles à tout traitement ; dans sa forme chronique, il prend en outre les os, les cartilages, et conduit aux déformations de l'arthrite sèche.

La syphilis, dans les arthrites subaiguës *rhumatoïdes* de la période secondaire, attaque peut-être la synoviale (sans qu'on en ait la démonstration), peut-être les tissus fibreux périarticulaires ou le périoste des extrémités osseuses, comme pourraient le faire croire les douleurs concomitantes disséminées sur divers points du squelette.

Dans les arthropathies tertiaires, elle dépose au voisinage de la synoviale ses produits gommeux, soit dans le tissu sous-séreux, soit dans le périoste des extrémités osseuses, et leur présence détermine des phénomènes de voisinage, qui se traduisent le plus souvent par un épanchement intra-articulaire.

Dans la scrofule, les lésions sont destructives par la destruction même des nouveaux tissus produits, fongosités suppurantes ; dans le rhumatisme, la perte des fonctions est due principalement à l'organisation des produits nouveaux ; la syphilis, surtout traitée, ne semble pas compromettre d'une façon sérieuse les fonctions articulaires.

Envisagés au point de vue du diagnostic, les symptômes propres de la syphilis secondaire ont une grande ressemblance avec ceux du rhumatisme. Dans les deux maladies, les articulations sont le siége de gonflement, de rougeur et de douleur ; mais, avec la syphilis, le gonflement articulaire est en général peu considérable, a tuméfaction est moins étendue (Lancereaux). La douleur que les malades comparent volontiers à une sensation de brisure ou de déchirement, sujette aux exacerbations nocturnes est peu exaltée par les mouvements. Si les arthropathies secondaires, de même que les arthropathies rhumatismales, sont multiples, elles n'ont pas la mobilité de ces dernières. et leur durée est généralement plus longue, à moins que l'on ne fasse intervenir un traitement spécifique. La fièvre, peu intense le matin, offre un paroxysme marqué le soir, dans les localisations articulaires syphilitiques, qui par là se distinguent encore des manifestations rhumatismales, comme aussi par leur coexistence avec des adénopathies et des éruptions différentes de celles du rhumatisme (Lancereaux).

Les lésions articulaires liées à la scrofulose et au rhumatisme chronique, certaines hydarthroses qui n'éveillent qu'un léger mouvement fébrile, telles sont les affections que l'on peut confondre avec l'arthrite tertiaire. Dans la tumeur blanche scrofuleuse, le gonflement plus rapide est plus considérable ; les parties tuméfiées donnent aux doigts la sensation d'une sorte d'empâtement général et non celle de plaques circonscrites et indurées ; l'articulation affectée perd bientôt ses mouvements, et fréquemment l'altération finit par l'ankylose. Les lésions articulaires du rhumatisme chronique ne tardent pas à présenter des déformations caractéristiques ; elles se généralisent d'ailleurs, plus que celles de la syphilis. Dans l'arthrite sèche, un frottement rude et sec se fait sentir pendant le jeu de l'articulation. Enfin, les hydarthroses simples ne se montrent pas en général chez des individus cachectiques, et pour ainsi dire, toujours marqués au coin d'une maladie sérieuse et profonde, telle que la syphilis. L'arthrite blennorrhagique se distingue par les circonstances au milieu desquelles elle apparaît, par la douleur et le gonflement qui l'accompagnent, comme par une certaine tendance à la suppuration (Lancereaux).

VI.

DU TRAITEMENT EN GÉNÉRAL DES ARTHROPATHIES RHUMATISMALES, SCROFULEUSES ET SYPHILITIQUES.

Il est impossible, dans cette étude comparée, de faire l'histoire du traitement de chaque arthropathie prise en particulier : ce serait tout à fait sortir des bornes et de l'esprit de ce travail.

Certaines grandes indications générales dominent toute la thérapeutique des maladies articulaires et un certain nombre de moyens généraux répondent à ces indications.

Si nous voulions entrer dans le détail, nous aurions à formuler le traitement général de la scrofule, du rhumatisme, de la syphilis; nous aurions, en outre, étant donnée telle ou telle terminaison, à étudier tout ce qui se rapporte aux questions des *roideurs articulaires*, de l'*ankylose*, des *luxations spontanées*, des indications des *résections* et des *amputations*. Toutes ces questions doivent être traitées à part.

Nous nous contenterons de voir sommairement quelles modifications doivent naître, dans l'emploi des méthodes thérapeutiques, de l'origine et de la nature de telle ou telle arthropathie.

En présence d'une arthrite aiguë, tous les efforts du chirurgien doivent tendre à modérer l'intensité de l'inflammation et à en prévenir les effets fâcheux au point de vue de l'avenir de la jointure.

Or, de tous les antiphlogistiques, le plus sûr et le plus efficace, qu'il s'agisse d'une arthrite rhumatismale, scrofuleuse, etc., consiste dans l'*immobilisation complète* de l'articulation malade, *dans une bonne position*.

Suivant la tendance de l'affection articulaire, l'immobilisation devra être maintenue un temps variable qu'il est impossible de prévoir à l'avance. Dans l'arthrite scrofuleuse il peut être nécessaire de la maintenir depuis l'apparition des premiers signes jusqu'à la disparition complète des fongosités et de tous les phénomènes inflammatoires subaigus se produisant par des douleurs irradiées ou localisées en certains points fixes de l'articulation. Si elle a été momentanément suspendue, elle doit être immédiatement reprise dès que se manifeste, sous une influence quelconque, une nouvelle poussée inflammatoire.

Dans l'arthrite rhumatismale, la même nécessité de l'immobilisation s'impose toutes les fois que des phénomènes inflammatoires se traduisent par de la douleur ou la production, à l'intérieur de la jointure, d'un exsudat liquide ou fibrineux. Mais ici l'ankylose, vraie ou fausse, que l'on cherche dans l'arthrite scrofuleuse, constitue la grande difficulté du traitement. La liberté doit être rendue à l'articulation dès que la douleur et les produits épanchés ont disparu, et par une série de manœuvres douces et prudentes dont la dose doit être mesurée aux sensations du malade et à la réaction inflammatoire, le rétablissement des fonctions doit être cherché de bonne heure.

On appliquera surtout ces données aux formes d'arthrite dite plastique ou ankylosante, dont malheureusement les signes du début sont obscurs, mais qu'on peut quelquefois prévoir d'après l'intensité de l'inflammation ou la cause de la maladie (blennorrhagie).

A ces formes encore et dans le même but convient le traitement par l'hydrothérapie dans ses divers modes (douches froides ou chaudes, bains minéraux naturels et artificiels).

Les mêmes préceptes peuvent s'appliquer à la *compression*. Elle trouvera son indication pour les arthropathies scrofuleuses et rhumatismales toutes les fois que des produits solides (fongosités) ou liquides (épanchements, hydarthrose) viendront à s'épancher dans l'intérieur de l'articulation. Toutefois la compression, utile dès le début de la fongosité articulaire, peut, dans l'arthrite rhumatismale, être retardée dans son application jusqu'à la chute des phénomènes inflammatoires et au passage de la maladie à la forme subaiguë ou torpide.

La *révulsion* sous toutes ses formes (applications irritantes, fer rouge, cautères) peut s'appliquer aussi à toutes les variétés d'arthropathies. Indiquée au début dans les arthrites rhumatismales aiguës ou subaiguës avec tendance à l'épanchement, et obtenue en général dans ce cas à l'aide de vésicatoires volants et répétés, elle trouve également son emploi dans les arthrites fongueuses dont le début est marqué par des phénomènes inflammatoires. Plus tard, elle peut encore donner de bons résultats quand la résorption des produits liquides ou solides résiste à la compression, et c'est alors que les raies de feu, l'ignipuncture peuvent, suivant les cas, mener à la guérison.

Enfin une révulsion chronique, si je puis ainsi m'exprimer, peut être indiquée dans toutes les variétés d'arthropathies subaiguës ou chroniques et obtenue au moyen de badigeonnages répétés avec la teinture d'iode. Et ce mode de traitement offre l'avantage de pouvoir être combiné avec l'immobilisation et la compression.

Mais ces principes généraux de la thérapeutique locale, que je ne fais qu'effleurer ici, doivent être complétés par le traitement général du malade ; suivant la nature et suivant la tendance de l'arthropathie, c'est contre le rhumatisme, contre la scrofule que la médication doit être dirigée, et je n'ai pas à formuler ici les règles de ce traitement tout médical. Ici aussi s'impose pour la thérapeutique des affections articulaires syphilitiques la nécessité du traitement spécifique, qui n'est autre que la médication des accidents secondaires et tertiaires de la syphilis. Enfin, si malgré tous les efforts l'arthropathie marche vers une des terminaisons que nous avons indiquées (suppuration, nécrose des extrémités articulaires, ankyloses fibreuses ou osseuses), alors surgissent de nouvelles indications dont l'étude ne saurait rentrer dans les limites de ce travail.

TABLE DES MATIÈRES

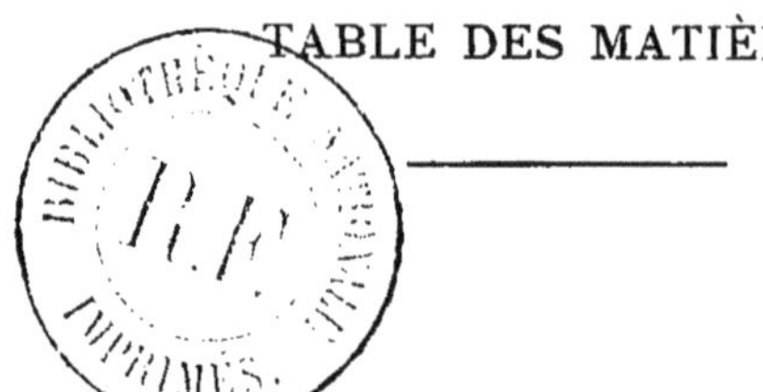

Paris. — A. Parent, imprimeur de la Faculté de Médecine, rue M.-le-Prince, 29-31

Paris. — A. Parent, imprimeur de la Faculté de Médecine, rue M.-le-Prince. 29-31.

www.ingramcontent.com/pod-product-compliance
Ingram Content Group UK Ltd.
Pitfield, Milton Keynes, MK11 3LW, UK
UKHW021102260726
13994UKWH00002B/667